KB009382

10대와 통하는 한국사

10대와 통하는 한국사

제1판 제1쇄 발행일 2010년 10월 26일
제11쇄 발행일 2017년 8월 15일

글 | 고성국 · 서인원
그림 | 심상윤
기획 | 책도둑(김민호, 박정훈, 박정식)
기획에 도움 주신 분 | 김기옥, 문현식
디자인 | 김효중
펴낸이 | 김은지
펴낸곳 | 철수와영희
등록번호 | 제319-2005-42호
주소 | 서울시 마포구 월드컵로 65, 302호(망원동, 양경회관)
전화 | (02)332-0815
팩스 | (02)6091-0815
전자우편 | chulsu815@hanmail.net

ISBN 978-89-93463-11-8 43900

철수와영희 출판사는 '어린이' 철수와 영희, '어른' 철수와 영희에게 도움 되는 책을 펴내기 위해 노력하고 있습니다.

글 고성국 · 서인원 | 그림 심상윤

철수와영희

책을 내며

‘우리들’이 역사의 주인입니다

현대를 속도의 시대라고 합니다. 상품 주기도 빠르고 인생의 주기도 빠릅니다. 컴퓨터도, 모바일도 정보 처리 속도의 빠르기로 경쟁합니다. 현대를 특징짓는 교통 혁명도 따지고 보면 속도의 혁명입니다. 옆을 보지 못하도록 경주마의 눈 옆을 가리는 것과 같이, 속도 경쟁은 사람들로 하여금 앞만 보게 합니다. 현대를 사는 우리는 누구랄 것 없이 모두 다 속도 경쟁에 내몰리고 있습니다. ‘뒤처지면 진다’는 강박증에 쫓기면서 말이지요.

이 책을 펼친 당신도 오늘 하루 숨 가쁜 속도 경쟁 속을 헤쳐 나왔을 것입니다. 그래서 여러분께 다음과 같은 질문을 드립니다. ‘속도가 중요할까요, 방향이 중요할까요?’ 정답은 이미 나와 있습니다. ‘속도도 중요하고, 방향도 중요하다.’ 그러나 신이 아닌 이상 이 두 가지를 완벽하게 갖출 수는 없습니다. 그래서 다시 묻습니다. ‘둘 중 어느 것이 더 중요할까요?’ 두말할 것도 없이 방향이 더 중요합니다. 방향을 잘

못 잡고 속도를 내면 잘못된 길을 더 빨리 달려가 아예 돌아올 수 없게 될 뿐입니다.

인문학은 방향을 생각하게 해 주는 학문입니다. 그중에서도 역사학은 인류가 밟아온 궤적 속에서 방향을 올바르게 잡았던 경우와 방향을 잘못 잡았던 경우를 생생하게 보여 줍니다. 더 나아가 방향을 잘못 잡았을 때 벌어진 엄청난 참극과 인간 파괴의 현실을 보여 줍니다.

빠를수록 돌아보아야 합니다. 속도 경쟁의 시대일수록 잠깐 멈춰 서서 지나온 길을 돌아보는 여유를 가져야 합니다. 앞으로 나아갈 길을 가늠하면서 혹시 방향이 틀리지는 않았는지 확인하는 신중함과 사려 깊음이 필요합니다.

이 책은 우리 민족이 걸어온 5000여 년의 발자취를 '방향'을 중심으로 살펴본 책입니다. 우리 민족은 구석기 시대부터 한반도에 정착해 살면서 높은 수준의 독창적인 문화와 과학 기술을 발전시켜 왔습니다. 강력한 국방력을 바탕으로 독립을 유지해 왔고 국민의 생활 안정을 중심에 둔 덕치와 왕도 정치를 실현해 왔습니다. 그러나 때로는 국민보다는 왕과 양반, 귀족들의 기득권 유지에 급급하거나, 방비를 소홀히 해 국권을 잃고 식민지로 전락하기도 했습니다.

어느 나라 역사건 승리와 영광의 역사만 있지는 않습니다. 나라를 잃고 도망가고 배신한 부끄러운 역사 또한 곳곳에서 발견됩니다. 우리나라 역사 또한 그렇습니다. 중요한 것은 우리 민족이 어떤 방향으로 우리 역사를 만들어 왔는가 하는 것입니다. 역사의 공과 과를 있는 그대로 직시하고 그 속에서 우리 민족을 여기까지 이끌어 오고 발전시켜 온 역사 발전의 힘, 역사 발전의 주체 세력을 발견하고 확인하는 것입니다.

'방향'에 유의하다 보니 아무래도 '천 년 같은 하루' 즉 역사의 '방향'을 결정지은 전환기적 사건들에 비중이 주어진 감이 없지 않습니다. 그렇다고 일반 백성, 일반 시민의 일상에 아무런 역사적 의미가 없는 것은 아닙니다. 일상의 삶과 기쁨과 아픔이 쌓이고 묵어 한순간 '사건'으로 분출되고, 그 '사건'들이 쌓이고 쌓여 '방향'이 만들어지는 게 역사니까요. 역사의 주인은 따로 있는 것이 아닙니다. 하루하루를 열심히 진지하게 살아가는 모든 '우리들'이 곧 역사의 주인입니다.

서인원, 심상윤, 고성국 세 사람과 '철수와영희' 출판사가 『10대와 통하는 한국사』를 만들어 보자고 뜻을 모은 때는 촛불 집회가 한창이던 2008년 초여름이었습니다. 그 후로 꼬박 2년이 지났습니다. 우리 세 사람은 분야를 나눠 글을 쓰고 그림을 그리는 분업 방식이 아니라, 처음부터 끝까지 같이 쓰고 같이 그리는 공동 작업 방식으로 책을 만들었습니다. '속도'보다 '방향'이 중요하다는 우리의 문제의식에 부합한다고 생각했기 때문입니다 우리의 미래는 미리 정해져 있지 않습니다. 우리가 어떤 선택을 하는가, 지금 여기에서 어떤 행동을 하는가에 의해 결정됩니다. 역사는 매일매일 만들어지고 매일매일 새로워집니다.

이 책에서 역사를 만들어 가는 나와 너, 우리들의 모습을 발견해 보시기 바랍니다. 우리들이 만들어 가는, 늘 새로워지는 역사를 재발견해 보시기 바랍니다. 역사가 어렵고 따분한 공부가 아니라 살아 뛰노는 현실임을 느껴 보시기 바랍니다.

2010년 10월

고성국, 서인원, 심상윤 드림

차례

1장

역사가 뭐예요?

우리는 과거를 이해하기 위해서 역사를 보지만 미래를 예측하고 대비하기 위해서도 역사를 봅니다. 우리가 어떤 존재인지, 어디서부터 왔는지, 어떤 길을 통해 '지금 여기'에 와 있는지를 알면, 우리가 어디로 가고 있는지 또 그곳에 가기 위해서는 어떤 길을 선택하는 것이 좋을지에 대해서도 비교적 합리적 근거를 갖고 판단할 수 있게 됩니다.

역사가 뭐예요?

인간은 집단생활을 하면서 과거의 일을 기억하고 그 속에서 교훈을 얻으며, 경험과 기억에 근거해 미래를 계획할 수 있는 유일한 생명체입니다. 개미나 벌도 인간과 유사하게 집단생활을 하지만 이들은 과거를 기억하지 못합니다. 과거에서 교훈을 얻고 이를 바탕으로 미래를 설계하지 못합니다. 그저 본능에 따라 몇억 년 전과 똑같이 움직일 따름이지요.

선사 시대와 역사 시대

과거와 과거를 바탕으로 형성된 현재, 그리고 '지금 현재의 순간들'이 쌓여 만들어질 미래라는 시간 개념은 우리 인간만이 자각할 수 있습니다. 시간은 인간 생존의 특수한 조건인 것입니다. 이 특수한 존재 조건 때문에 인간은 역사를 만들어 올 수 있었고 경험과 지혜를 집단적으로 전승할 수 있었습니다. 문화와 문명의 계승 발전이 가능했던 것입니다.

인간은 문자를 발명하기 훨씬 전부터 과거를 기억하기 위해 기록을 시작했습니다. 문자가 없었기 때문에 기록은 동굴 벽에 그림을 그리거나 인간의 머릿속에 '기억'이라는 눈에 보이지 않는 상징적 형태로 저장하는 방식으로 이루어졌습니다. 우리는 이 시대, 즉 문자가 아닌 그림이나 기억의 형태로 역사가 기록되고 전승됐던 시대를 '선사 시대'라고 부릅니다.

선사 시대의 그림을 해독하기 위해서는 문화인류학자, 고고학자, 고

언어학자들의 도움이 필요합니다. 그리고 기억의 형태로 전승된 역사 기록을 해독하기 위해서는 입에서 입으로 전해 내려온 신화와 설화의 의미를 해석하는 문화인류학자, 신화학자, 문학가들의 도움이 필요합니다. 인간이 문자를 발명해 역사를 기록한 이후에는 역사학자들이 역사 해독을 전문적으로 맡게 됐습니다. 이 시대를 '역사 시대' 라고 부릅니다.

그런데 우리는 왜 이렇게 어렵고 힘든 방법까지 동원해서 우리의 과거를 알아내려고 할까요. 사실 지금의 우리와는 직접적 관련도 없는 것 같은데 말이죠. 그것은 '우리는 누구인가?' 라는 인간 존재의 근원적 질문에 답하기 위해서입니다.

우리 인간은 지구 위에 존재하는 어떠한 생물체에도 없는 '나' 라는 자아의식을 갖고 있는 존재입니다. '나' 라는 자아의식이 있기 때문에 '나' 가 아닌 다른 사람들, 즉 '너' 와 '우리' 의 존재를 의식할 수 있게 됩니다.

인간이 개미나 벌처럼 본능에 따라 군집 생활을 하는 것이 아니라 각자의 의식적 판단과 선택으로 사회생활을 하는 것도 '나' 와 '너' 와 '우리' 에 대한 자아의식과 타자 의식이 있기 때문입니다. 과거에 대한 이해는 '나' 라는 자아의식을 형성하는 출발점이 됩니다.

나는 누구인가. 나의 시작은 어디인가. 나는 어디서 와서 어디로 가는 존재인가. 더 나아가 나와 너로 이루어진 우리 가족, 우리 씨족, 우리 부족, 우리 민족, 우리 인간은 어디서 와서 어디로 가는 것인가. 이러한 개별적 자아의식과 정체성, 집단의식과 집단적 정체성을 만들어

가는 출발점에 역사가 있습니다. 역사는 지금의 '나'와 지금의 '우리'가 어떤 존재인지 또 어디서 와서 어디로 가고 있는지를 가리켜 주는 이정표와 같은 것입니다.

우리는 과거를 이해하기 위해서 역사를 보지만 미래를 예측하고 대비하기 위해서도 역사를 봅니다. 우리가 어떤 존재인지, 어디서부터 왔는지, 어떤 길을 통해 '지금 여기'에 와 있는지를 알면 우리가 어디로 가고 있는지, 또 그곳에 가기 위해서는 어떤 길을 선택하는 것이 좋을지에 대해서도 비교적 합리적 근거를 갖고 판단할 수 있게 됩니다.

영국의 역사학자 카(E. H. Carr)는 역사학의 특징을 이렇게 표현했습니다. "역사는 과거와 현재의 대화다." 그렇습니다. 카의 말대로 역사는 과거와 현재의 끊임없는 대화입니다.

그런데 과거와 현재는 무엇을 위해서 대화하는 걸까요. 목적은 단

하나, 올바른 미래를 찾기 위해서입니다.

아무리 많은 대화를 해도 잘못된 미래로 나아가게 된다면 그런 역사는 차라리 없느니만 못하겠지요. 올바른 미래를 찾아 나가는 이정표가 될 때 역사는 우리와 함께 살아 숨 쉬는 현실이 되고 지혜로운 대화의 장이 되는 것입니다.

역사를 해석하는 관점

대화를 함에 있어 중요한 것은 올바른 관점과 자세를 갖추고 있어야 한다는 것입니다. 우리는 이것을 '사관史觀'이라고 부릅니다. 사관은 역사를 해독하는 관점, 역사와 대화하는 방식입니다.

역사에는 수많은 사실이 쌓여 있습니다. 세계사의 창고에는 인류가 지구 상에 출현한 후 태어나서 죽은 수많은 인간이 행했던 모든 행위가 '사실 자료'로 쌓여 있습니다. 그렇다면 이 수많은 '사실 자료'들을 재연하기만 하면 바로 역사가 될까요? 다음과 같은 두 가지 이유로 우리는 그것을 역사라고 부르지 않습니다.

첫 번째 이유는 완벽한 재연이 물리적으로 불가능하다는 것입니다. 혹시 신이라면 모든 시간과 공간 속 삼라만상의 움직임을 완벽하게 재연할 수 있을지 모르겠습니다. 그러나 인간은 불가능하지요. 다시 말해 우리가 역사를 해석할 때는 역사의 창고에 쌓여 있는 무한대에 가까운 '사실 자료' 중에서 '나름대로' 중요하다고 생각하는 사실들만 추려내어 재구성하는 것이 불가피하다는 것입니다.

두 번째 이유는 역사를 이해하고 해석함에 있어서 모든 '사실 자료'

의 완벽한 재연이 꼭 필요한 것은 아니라는 것입니다. 여러분도 일기를 쓰죠? 때로는 일기장에 시나 수필을 쓸 때도 있지만, 대개는 일기장 한 장이면 여러분의 하루를 충실히 기록할 수 있지 않을까요? 하루를 기록하면서 시간, 분, 초 단위로 날씨의 변화나 나의 행동과 느낌을 '재연' 해 놓지는 않지요. 그럴 필요가 없기 때문이죠.

그러나 때론 순간의 느낌을 일기장 서너 쪽에 걸쳐 써 놓기도 하지요. 첫사랑을 느꼈을 때를 생각해 보세요. 시간상으로는 1초나 2초 정도로 아주 짧은 순간의 느낌이지만, 그 느낌으로 온몸이 전율했다면 우리는 그 느낌을 소중하게 간직하기 위해 며칠 분량의 일기를 쓰기도 하는 겁니다.

역사에도 이런 순간이 있습니다. 하루 같은 천년이 있는가 하면 천년 같은 하루가 있는 거지요. 이와 같은 시간의 상대적 길이는 '지금 여기에' 있는 우리가 역사를 어떻게 보는가에 따라 결정됩니다. 그만큼 역사를 해석하는 관점, 즉 사관이 중요한 것입니다.

세조에 대한 두 가지 해석

같은 사건을 두고도 보는 사람의 사관에 따라 해석이 달라질 수 있습니다. 조선 시대 세조를 예로 들어보지요.

세조는 단종이 왕위에 오른 후, 김종서와 황보인 등이 신권臣權을 강화해 가자 계유정난을 일으켜 단종과 김종서, 황보인 등을 제거하고 왕위에 오른 인물입니다.

세조에 대해서는 그동안 두 가지 입장의 해석이 있었습니다.

먼저 세조에 대한 부정론입니다. 아무리 왕권이 약화되고 있었다 하더라도 조카를 죽이고 왕위에 오른 것은 패륜이며 불충이라는 것이죠. 즉 세조는 용서받을 수 없는 도덕적 패악을 저질렀다는 해석입니다.

반면 세조에 대한 긍정적 입장은 정치적 상황을 중시합니다. 왕권과 신권의 조화는 이상론일 뿐이고 조선 역사를 보면 왕권이 강한 시기에 백성의 삶이 비교적 안정적이었다는 겁니다. 단종이 어렸고, 김종서의 세력이 워낙 강대한 상황에서는 왕실이 비상수단을 쓰더라도 안정을 구하는 것이 필요했다는 거죠. 그래서 세조가 김종서, 황보인 등을 제거하고 왕실을 안정시켰지만 사육신과 생육신 등 이미 폐위된 단종을 따르는 무리가 자꾸만 늘어나서 정치를 혼란시켰기 때문에 불가피하게 그 원인인 단종도 제거하게 됐다는 해석입니다.

역사 해석은 시대적 상황에 영향을 받기도 합니다.

세조에 대한 부정론이 강했던 시기는 도덕성과 윤리성을 강조하던 시기였습니다. 대의명분을 중시했던 조선 시대 사림들은 무오사화에서 보듯이 대부분 세조의 왕위 찬탈에 대해서 부정적입니다.(124쪽 참조) 해방 이후에도 세조에 대해서는 대체로 부정적 평가가 많았습니다. 우리 사회에 유교의 전통이 남아 있어서였습니다.

반면 무력을 동원해 쿠데타를 일으켜 정권을 잡은 시기에는 세조의 찬탈이 정치적 결단이라는 식으로 해석됐습니다. 조선 왕조를 유지하고 왕권을 안정시키기 위해서는 어쩔 수 없었다는 겁니다. 세조에 대한 긍정적 해석을 통하여 군사 독재 정권에 정당성을 부여하려 했던 거죠. 군사 정권이 지배하던 시기에는 고려 시대 무신 정변•도 상당히 미화되는 경향이 있습니다. 여러분은 어떤 역사적 관점으로 세조를 해석하겠습니까?

역사는 미래 예측의 근거

역사를 지식의 보고寶庫라고 합니다. 역사에는 과거 인간 생활에 대한 모든 정보 즉 정치, 경제, 사회, 문화, 종교 등 모든 방면의 지식이 담겨 있습니다. 우리는 지식과 지혜를 얻기 위해 역사를 공부합니다.

옛날에는 아무나 역사를 배울 수 없었습니다. 옛날에는 역사학을 제왕학帝王學이라고 불렀는데, 역사에는 지배자들에 관한 정보가 많아서 왕이나 지배 계층이 이를 배우면 유용했기 때문입니다. 반면 피지배 계층이 배우면 역사적 지식을 이용해 저항할 가능성이 있다는 이유로 금지시켰지요. 지금은 국민 모두가 역사를 배우니까 국민 모두가 지배 계층이군요. 맞습니다. 민주주의 국가에서는 국민이 주인이니까요.

앨빈 토플러가 쓴 『제3의 물결』은 지금의 정보화 시대를 내다본 미래학에 관한 고전입니다. 그런데 이 『제3의 물결』의 많은 부분이 역사에 관한 내용입니다. 왜냐하면 '제3의 물결' 을 설명하기 위해서는 '제1의 물결' 과 '제2의 물결' 을 먼저 살펴봐야 했기 때문이지요.

앨빈 토플러는 '제1의 물결' 을 신석기 혁명, '제2의 물결' 을 산업혁명으로 규정했습니다. 그리고 이러한 과거 역사의 발전에 근거해 미

• 고려시대 의종 24년(1170), 일군의 무신(장수)들이 쿠데타를 일으켜 정권을 장악한 사건. 이후 무신 집권은 101년간 지속됐다.

래에는 '제3의 물결' 인 정보화 혁명이 일어날 것이라고 주장했습니다. 역사가 미래 예측의 근거가 된 것입니다.

동양에서는 일찍부터 역사학을 국가 정책을 위한 참고 자료로 사용했습니다. 서거정의 『동국통감』, 사마광의 『자치통감』, 주희(주자)의 『통감강목』같이 역사책 제목에 거울을 뜻하는 '감鑑' 자가 들어가는 경우가 많은 것도 역사학의 일차적 목적을 교훈에 두었기 때문입니다. 이는 인간이 습관의 동물이고, 인간의 오욕칠정五慾七情•은 동서고금을 통해 거의 변하지 않으므로 역사에서 교훈을 잘 얻는다면 미래에 대한 계획을 잘 세울 수 있을 것이라고 생각한 데에서 기인한 것입니다. 여기에서도 역사는 과거와의 대화를 통해 미래를 준비하는 학문이었음이 다시 한 번 확인됩니다.

역사는 어떻게 기록되어 왔을까?

역사를 과거에 대한 기록이라 했는데 그렇다면 역사를 어떻게 기록해 왔을까요? 공자는 역사에서 교훈을 얻기 위해 『춘추』라는 역사책을 썼습니다. 『춘추』는 춘추 시대 노나라 은공隱公 초년(기원전 722년)부터 애공哀公 14년(기원전 481년)에 이르기까지 12대 242년간의 역사를 비판적이고 객관적으로 기술한 역사서입니다. 노나라 242년간의 역사를 통해 선악을 논하고 대의명분을 밝힘으로써 후세에 존왕(尊王, 왕을 받들어 모심)의 길을 가르치고 천하의 질서를 유지하려 했습니다. 이 책에서 공자가 사용한 역사 서술 방법을 '사실을 곧바르게 쓴다'고 해서 '춘추직필', '춘추필법'이라고 부릅니다.

공자는 하극상과 약육강식이 만연했던 당시의 혼란상을 바로잡기 위해 역사를 썼습니다. 이를 위해 사건을 기록하는 기사記事, 직분을 바로잡는 정명正名, 칭찬과 비난을 엄격히 하는 포폄褒貶의 원칙을 세웠고 여기에 어긋나는 것은 철저히 배격했으며, 오직 객관적인 사실에 입각하여 자신의 판단에 따라 집필했습니다. 공자는 특히 "임금은 임금다워야 하고, 신하는 신하다워야 하며, 부모는 부모다워야 하고, 자

• 재욕, 색욕, 식욕, 명예욕, 수면욕의 다섯 가지 욕망과 기쁨, 노여움, 슬픔, 즐거움, 사랑, 미움, 욕심 등 사람이 가진 일곱 가지 감정.

식은 자식다워야 한다(君君, 臣臣, 父父, 子子)"라는 '수분(守分, 분수를 지킴)'을 강조했습니다. 선왕先王의 업적을 평가할 때에도 이 원칙을 예외 없이 지켰습니다. 오직 올바른 정사正史를 기록한다는 신념으로 외압에도 굴하지 않고 편년체의 효시인 『춘추』를 완성한 것입니다. 이러한 정신은 동양의 역사 서술 방식의 전통이 됐습니다.

우리나라에서도 역사를 기록하는 기구였던 춘추관의 사관들은 목에 칼이 들어와도 실록을 함부로 왕에게 보여 주지 않았습니다. 왕이 역사를 왜곡할까 우려해서였습니다.

동양에서는 일반적으로 편년체, 기전체, 기사본말체, 강목체(26쪽 참조)의 네 가지 서술 방식으로 역사책을 썼습니다. 물론 『삼국유사』처럼 어디에도 속하지 않는 야사 형식의 역사책들도 있습니다. 역사가 국가에 의해서 기록됐으면 관찬官撰, 개인이 기록했으면 사찬私撰으로 분류합니다.

서양에서는 서사시의 형식으로 전승되어 오던 역사를 역사답게 서술하기 시작한 인물로 그리스의 역사가 헤로도토스를 꼽습니다. 헤로도토스는 'history'라는 말을 처음 사용했고 『페르시아 전쟁사』를 써서 연대기적 역사 기록과 역사가의 판단에 의한 역사 서술 방식을 확립했습니다.

동양의 역사 서술 방식

● **편년체**(編年體) : 시간순으로 나열하여 적는 방식으로, 공자의 『춘추』가 대표적입니다. 공자 이전의 역사 기록도 편년체 방식이었을 것으로 추정됩니다. 우리나라 역사서로는 『조선왕조실록』과 『고려사절요』가 대표적입니다.

● **기전체**(紀傳體) : 정치사를 본기(本紀, 왕의 역사)와 세가(世家, 제후의 역사)로, 인물사를 열전(列傳, 신하의 역사)으로, 문화사를 서(書)로, 나머지는 연표(年表) 방식으로 분류한 것이 특징입니다. 여러 분야로 분류했으나, 가장 중요하게 취급한 것은 인물이었죠. 또한 춘추필법을 계승하여 역사가가 역사적 사실에 대하여 의견과 논평을 달았는데, 이를 논찬(論贊)이라고 합니다. 사마천의 『사기』로부터 비롯됐는데, 우리나라 역사서로는 『삼국사기』, 『고려사』 등이 있습니다.

● **기사본말체**(紀事本末體) : 남송 때의 원추가 쓴 『통감기사본말(通鑑紀事本末)』(42권)에서 비롯됐습니다. 주제를 중심으로 한 가지 사건의 시작과 끝을 체계적으로 정리하는 방식이어서 시간 중심의 편년체나 인물 중심의 기전체와 달리, 사건 중심의 역사 서술 방식이라고 할 수 있습니다. 우리나라의 역사서로는 조선 시대 실학자 이긍익이 서술한 『연려실기술(燃藜室記述)』이 있습니다.

● **강목체**(綱目體) : 성리학적 역사 인식을 앞세워 사마광의 『자치통감』을 비판적으로 서술한 남송 때 주희(주자)의 『자치통감강목(資治通鑑綱目)』에서 비롯됐습니다. 강목체는 역사 서술을 강(綱)과 목(目)으로 나누

어, 중요한 사건은 『춘추』의 경(經)을 따라 큰 글씨로 써서 '강'으로 내세우고, '강'에 대한 자세한 설명은 공자의 제자 좌구명(左丘明)이 쓴 『좌전(左傳)』의 예에 따라 작은 글씨로 써서 '목'으로 구별했습니다. 또한 어느 나라가 정통(正統)이고 어느 나라가 윤통(閏統, 정통이 아닌 계통)인지를 엄격하게 구분하는 정통론(正統論)에 입각하여 역사 체계를 세웠습니다. 그리하여 정통 국가는 큰 글씨로 윤통 국가는 작은 글씨로 처리했습니다. 우리나라 역사서로는 실학자 안정복이 서술한 『동사강목(東史綱目)』이 대표적입니다.

정말 곰이 마늘과 쑥을 먹고 사람이 됐나요?

단군왕검이 세운 단군 조선이라는 국가에 대해서는 당시의 정확한 역사적 기록이 남아 있지 않아서 『삼국유사』에 실려 있는 건국 신화를 바탕으로 이해해야 합니다. 이런 사정은 우리나라만 그런 것이 아니고 세계의 오래된 국가들은 대부분 그렇습니다.

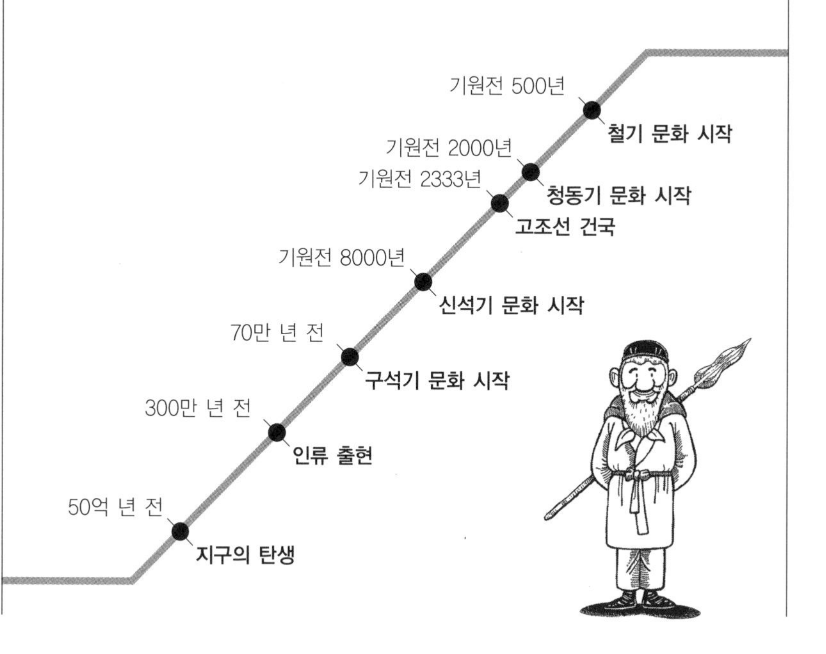

정말 곰이 마늘과 쑥을 먹고 사람이 됐나요?

사람이 지구 상에 나타난 것은 약 300만 년 전입니다. 아프리카의 에티오피아 부근이었습니다. 약 700만 년 전에 사람이 나타났다는 주장도 있지만 학자마다 의견이 다르고 증거가 달라서 꼭 어느 주장이 맞다고 할 수 없습니다. 300만 년 전이나 700만 년 전이라 하면 아주 오래전인 것 같지만, 지구가 만들어진 지 50억 년이 지났다는 것을 생각하면 사람이 나타난 것은 지구의 역사에서 보면 극히 최근의 일이라고 할 수 있습니다.

우리나라에 온 최초의 사람

최초의 사람은 어떻게 생겼을까요? 최초의 사람은 원숭이와 비슷했습니다. 원시 인류는 원숭이처럼 처음에는 손을 발처럼 땅에 딛고 있다가 두 발로 서게 되면서 손을 자유롭게 사용하게 됐습니다. 손을 쓸 수 있게 되자 여러 가지 변화가 일어났습니다. 가장 큰 변화는 손으로 도구를 만들어 쓰기 시작한 것입니다. 이것이 인간 진화의 출발이었습니다.

사람은 어떻게 두 발로 걷게 되고 손을 사용하게 됐을까요? 사람은 다른 동물에 비해 특별한 장점이 없습니다. 호랑이처럼 강한 발톱과 이빨을 가지고 있는 것도 아니고, 독수리처럼 강한 날개와 부리를 가지고 있는 것도 아닙니다. 사슴처럼 빠른 발을 가지고 있는 것도 아니고요. 굶어 죽거나 다른 동물의 먹이가 되지 않기 위해서 사람은 두 발

로 걸으면서 자유롭게 된 손으로 도구를 만들어야만 했습니다. 이때 만들어 쓴 도구가 '돌'이었기 때문에 이 시기를 '석기 시대'라고 합니다.

인간은 환경에 적응해 살아남기 위해 두 발로 걷게 되고, 손을 쓰는 과정에서 머리가 좋아져 다른 동물보다 훨씬 유리한 입장이 됐습니다. 인간은 지능이 발달하면서 불을 사용하게 됐고 음식을 익혀 먹을 수도 있게 됐습니다. 돌 도구와 불, 이 두 가지는 다른 동물들을 이길 수 있는 위력적인 무기가 됐습니다. 또 지능의 발달로 의사소통과 집단행동이 가능해져서 다른 동물과의 생존 경쟁에서 훨씬 유리한 위치를 차지하게 됐습니다.

우리나라에 최초로 사람이 등장한 때는 약 70만 년 전입니다. 최초 사람들의 흔적은 우리나라 여러 곳에서 발견됩니다. 이 사람들은 어디에서 왔을까요? 북쪽 어딘가에서 이동해 왔을 것으로 추정되지만 정확히는 알 수 없습니다. 초원길•을 따라 이동해 온 사람들이 아닌가 하고 추측할 뿐입니다. 왜냐하면 이들은 청동기 시대까지 중국과 전혀 다른 문화를 지니고 있었기 때문입니다.

• 몽골, 남부 시베리아, 중국 화베이, 흑해 연안을 잇는 교통로. 동서의 문명 교류 통로로 알려져 있다. 스텝 로드(steppe road), 스텝 루트(steppe route)라고도 한다.

우리나라의 청동기 문화는 초원길을 따라 이동한 종족에 의해서 전해졌을 가능성이 높습니다. 지금도 카자흐스탄이나 우즈베키스탄 같은 초원길에 있는 국가들의 무덤을 발굴하면 우리나라에서 출토되는 것과 비슷한 문양의 유물들이 발견됩니다.

빗살무늬 토기를 남긴 신석기인

우리나라에 이주해 온 최초의 사람들은 어떻게 살았을까요?

이 시기 사람들은 동굴이나 바위 그늘, 해안가나 강가에 막집을 짓고 살면서 뗀석기••를 만들어 썼습니다. 이때는 아직 농사를 짓지 못하고, 먹을 것을 찾아 떠돌아다니는 생활을 했기 때문에 좋은 집이 필요 없었습니다. 그래서 동굴에서 살거나 막 지었다는 뜻의 막집에서 살았습니다. 한번 이동하면 다시 돌아올 일이 거의 없었기 때문입니다.

이 시기를 구석기 시대라고 하는데, 짐승과 물고기를 잡아먹거나 식물의 열매나 뿌리를 캐서 먹고 살았습니다. 이들은 강가나 해안가에 많이 살았는데 물고기를 잡는 것이 가장 안전하고 확실한 생계 수단이었기 때문입니다. 육지에는 사람들이 잡기에는 너무 크고 위험한 짐

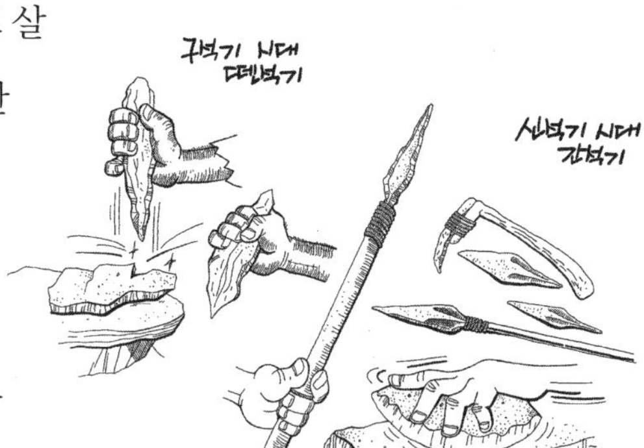

•• 구석기 시대에 돌을 깨서 만든 도구.

승들이 많았거든요. 이 시기에는 지배하는 사람도 지배받는 사람도 없이 모두가 한 무리가 되어 평등하게 살았습니다. 사회가 복잡하지 않아 계급도 발생하지 않았습니다. 이때의 생활을 무리 지어서 살았다고 해서 '무리 생활'이라고 합니다.

1만 년 전쯤 한반도에도 추운 빙하기가 왔다가 날씨가 다시 따뜻해지면서 구석기인들이 사라지고 신석기인들이 나타났습니다. 구석기인들이 신석기인들로 진화한 것일까요? 구석기에서 신석기로 바로 이어졌다는 증거가 없기 때문에 단정하지는 못합니다. 유럽에서도 구석기 말기에 빙하기를 거쳐 살아남은 사람을 크로마뇽인이라고 하는데 그 전에 살았던 네안데르탈인과의 관계를 정확하게 알지 못합니다.

우리나라 신석기인들이 살았던 곳에서는 간석기•와 낚시, 바늘 등의 뼈 도구가 발견되고 특이하게 빗살무늬 토기가 발견됩니다. 구석기

• 날이나 면을 갈아서 만든 돌 도구. 신석기 시대 석기의 특징이다.

시대에는 토기라는 것이 없었습니다. 자연에서 얻은 식량이 보관할 정도로 많지가 않았기 때문입니다. 토기를 만든 이유는 식량을 모아 놓기 위한 것이었습니다. 다시 말해 농사를 지어 곡식을 생산했기 때문에 이것을 저장할 그릇이 필요했던 거죠. 또 물과 곡물 가루를 토기에 담아 죽을 끓여 먹기도 했을 겁니다. 구석기 시대에는 자연에서 식량을 구했는데, 신석기 시대에는 농사를 짓고 목축을 하면서 사람의 힘으로 식량을 만들어 낸 것이죠. 신석기 시대는 구석기 시대와는 완전히 다른 생활이 이루어졌던 것입니다. 그래서 이를 '신석기 혁명'이라고 부릅니다. 하지만 대부분의 식량은 여전히 자연으로부터 얻었습니다. 생산력이 아주 낮았기 때문입니다.

불평등의 탄생

이 시기에 사람들은 식량 얻기가 쉬웠던 강가나 바닷가에서 살면서 농사도 짓기 시작했습니다. 이들은 돌괭이로 땅을 일구고 조, 피 등을 재배하여 돌낫, 뼈낫 등으로 추수를 했습니다. 추수한 곡물들은 돌갈판에 갈아서 음식을 만들어 먹었습니다. 구석기 시대에는 짐승 가죽으로 옷을 대강 만들어 입었는데, 신석기 시대부터는 삼이라고 하는 식물에서 실을 뽑아서 옷을 만들어 입었습니다. 삼의 겉껍질을 벗겨 내고 하얀 속껍질을 가늘게 쪼갠 다음에 가락바퀴라는 기구로 꼬아서 길게 연결하여 삼실을 만드는 것이죠. 삼실로 옷감을 짜고 뼈바늘로 바느질을 해서 그럴듯하게 옷을 만들어 입었고 실로 그물을 만들어 물고기잡이도 했습니다.

농사를 짓기 시작했으므로 이들은 이동하지 않고 한곳에 머물러 사는 정착 생활을 했습니다. 농사와 목축을 하면서부터는 상당히 공을 들여 움집을 만들었습니다. 움집은 추위를 막기 위해 1미터 이상 땅을 파서 지었는데, 돌삽이나 돌괭이를 사용해 순수하게 사람의 힘으로만 팠으니까 꽤 힘든 작업이었지요. 집을 지은 후에는 같은 핏줄의 사람들이 모여 마을을 이루었고(씨족 사회), 더 많은 사람들이 모여 부족 사회가 만들어졌습니다.

이때부터 사람들은 자연현상이나 영혼에 대해 의미를 부여하기 시작했습니다. 용맹하고 무서운 동물을 수호신으로 생각하거나, 태양이나 불 같은 자연에 대해 존경하는 마음을 가지게 됐습니다(애니미즘). 또 하늘의 소리를 알아듣는 사람이 있다고 믿고 그를 추앙하는 마음도 생겨나게 됐습니다(샤머니즘). 드디어 인간이 종교를 가지게 된 것이지요. 당시에는 하늘의 소리를 알아듣는 무당에게 무조건 복종했기 때문에 청동기 시대에 이들이 지배자가 되기도 했습니다.

구석기에서 신석기로 넘어오는 중간 시기를 '중석기 시대'라고 분류하기도 합니다. 중석기 시대에는 빙하기가 끝나면서 여우나 토끼 같은 작은 짐승들이 등장했습니다. 그래서 이 시기에는 작은 동물을 잡기 위한 도구인 잔석기가 많이 만들어졌습니다. 빠른 짐승들을 잡기 위해서 멀리서 던질 수 있는 창이나 화살 등의 이음 도구가 만들어지죠. 이 시기는 구석기 시대에서 신석기 시대로 넘어가는 과도기 시대였습니다.

신석기 시대는 처음에는 평등한 사회였습니다. 그런데 점차 농사 기술이 발달하면서 농산물이 남게 됐고 남아도는 식량을 차지하기 위한 경쟁이 시작됐습니다. 식량에 대한 개인 소유 현상이 나타난 겁니다. 이렇게 마을 안에서 부유한 사람과 가난한 사람이 생겨나면서 자연스럽게 높고 낮은 지위도 생겼습니다. 이러한 과정을 거쳐 신석기 말기에서 청동기 시대로 넘어가면서 불평등한 관계가 나타나게 됐습니다.

청동 검을 든 지배자

청동기 · 철기는 돌 도구가 아니라 금속 도구를 가리킵니다. 그래서 청동기 · 철기 시대를 '금속기의 시대' 라고도 합니다.

청동기가 처음으로 나타난 시기를 파악해 보면 만주는 기원전 20세기경(지금부터 4000년 전)이고, 한반도는 기원전 15세기(지금부터 3500년 전)경입니다. 청동기 시대라고는 하지만 청동기는 만들기가 어렵고 대량으로 만들 만큼 재료도 많지 않았기 때문에 일반 농기구는 대부분 석기를 계속 썼습니다.

청동기는 지배 계급만이 사용할 수 있었는데 칼이나 거울 등 지배자가 권위를 보일 때나 전쟁에 나갈 때 주로 썼습니다. 구리와 주석을 캐어 센 불로 녹여서 쇳물로 만든 다음, 거푸집에 부어서 검이나 거울 같은 도구를 만드는 기술은 돌을 갈아서 만드는 것에 비하면 엄청나게 까다롭고 복잡한 기술이었습니다. 그래서 이 시기에는 청동기 제작 기술자가 큰 대우를 받았지요.

청동기로 만든 도구는 무기, 제사용 그릇, 거울이나 방울, 단추, 가락지 같은 장신구 등이었습니다. 그런데 무기를 만들기도 부족한 청동으로 거울과 방울은 왜 만들었을까요? 사실 청동 거울은 아무리 잘 닦아도 지금의 거울 같지는 않았습니다. 청동 거울은 얼굴을 보기 위한 것이 아니라 지배자의 장신구였던 것이죠. 청동 방울도 마찬가지였고요. 이 시기의 지배자는 청동 거울을 목에 걸고 청동 검을 옆에 차고 청동 방울을 들고 제의(제사를 지내는 행사)를 주관했습니다. 상상해 보세요, 청동 제품을 온몸에 둘러 위풍당당했을 지배자의 모습을요.

제정일치의 시대

지배자는 무덤도 차이가 났습니다. 청동기 시대의 대표적인 무덤이 고인돌입니다. 고인돌 중에는 1톤 이상 나가는 큰 덮개돌을 사용하는 고인돌이 많습니다. 이런 것을 만들려면 많은 사람을 동원할 수 있어야 했습니다. 계급이 높은 사람만이 가능했다는 얘기지요. 이 당시의 지배자는 하늘의 권위를 빌려야 했기 때문에 제사를 주관하는 사람인 제사장(무당)을 겸하는 경우가 많았습니다. 제사장과 정치적 지배자가 일치했기 때문에 이 시대를 제정일치 시대라고 부릅니다.

철기는 우리나라에 언제 들어왔을까요? 기원전 5세기에 이미 철기가 사용되고 있었습니다. 이 시기에는 철제 농기구를 만들어 사용함으로써 농업이 발달하고 경제적 기반이 더욱 넓어졌습니다. 철제 무기와 철제 도구를 쓰게 됨에 따라 청동기는 의식용 도구로 전락했습니다. 청동기 시대의 비파형 동검은 한국식 동검인 세형 동검으로 발전했고 거친 무늬 거울은 잔무늬 거울로 형태가 변했습니다.

청동기 시대와 철기 시대 같은 금속기 시대에는 정복 활동도 늘어났

습니다. 정치권력이나 경제력이 우세한 부족들은 자신들을 하늘의 자손이라고 믿는 선민 사상을 가지고 있었습니다. 이런 사상을 바탕으로 주변의 약한 부족을 통합하거나 정복한 다음에, 공납을 요구했습니다. 청동기나 철기로 된 금속 무기의 사용으로 정복 활동이 활발해지면서, 지배자와 피지배자로 나누어지는 속도도 더욱 빨라졌습니다.

고조선의 성립

고려 시대 승려 일연이 쓴 『삼국유사』에는 단군왕검이 청동기 시대를 배경으로 우리나라 최초의 국가인 고조선을 세웠다고 기록되어 있습니다. 고조선의 원래 이름은 '조선' 이었습니다. 후세 사람들이 이성계가 세운 조선과 구분하기 위해 편의적으로 옛날 조선이라는 뜻의 '고조선' 으로 부르는 것이죠.

정확히 하려면 고조선은 단군 조선–위만 조선으로 나누어 불러야 합니다. 어떤 학자들은 위만 조선 앞에 기자 조선이 있었다고 하지만, 기자는 중국 사람이고 증거도 부족해서 지금은 별로 인정하지 않고 있습니다.

단군왕검이 세운 단군 조선이라는 국가에 대해서는 당시의 정확한 역사적 기록이 남아 있지 않아서 『삼국유사』에 실려 있는 건국 신화를 바탕으로 이해해야 합니다. 이런 사정은 우리나라만 그런 것이 아니고 세계의 오래된 국가들은 대부분 그렇습니다.

역사가 오래된 나라들은 자기 나라를 세운 조상에 대한 신화와 전설을 가지고 있습니다. 늑대의 젖을 먹고 자라서 나라를 세웠다는 로물루스와 레무스 형제의 로마 신화가 대표적입니다. 신화를 글자 그대로 믿어서는 안 되겠지만, 그 속에는 역사적인 내용이 녹아 있습니다.

그동안 단군왕검을 역사적 인물로 볼 것이냐 아니면 상징적 인물로 볼 것이냐 하는 논쟁이 있었습니다. 상징적 인물로 본다면 단군 신화는 말 그대로 증명되지 않은 이야기로 끝날 겁니다. 그러나 단군이 조선을 건국한 이야기인 단군 신화의 내용을 분석해 보면 단순한 전설이 아니라 역사 서술이라는 것을 알 수 있습니다.

『삼국유사』 기이편에 실려 있는 단군 신화의 내용을 역사적으로 살펴볼까요?

옛날에 환인의 아들 환웅이 나라를 다스리고 싶어 하여 인간 세상을 자주 내려다보았다. 환인이 아들의 뜻을 알고 지상 세계를 두

루 내려다보니 태백산 지역이 인간들에게 큰 도움을 줄 것 같아 천부인 세 개를 주어 보내 그곳을 다스리게 했다. 환웅은 무리 3000명을 이끌고 태백산 꼭대기 신단수 아래에 내려와, 그곳을 신시라 부르고 스스로를 환웅천왕이라고 했다. 그는 바람을 주관하는 어른, 비를 주관하는 어른, 구름을 주관하는 어른에게 농사와 생명, 질병, 형벌과 선악을 맡게 하고, 인간살이에 관한 360여 가지 일을 다스리게 하여 정치와 교화를 베풀었다.

그때 마침 곰 한 마리와 범 한 마리가 있어, 같은 굴에 살면서 신령스러운 환웅에게 사람이 되기를 빌었다. 환웅은 영험 있는 쑥 한 자루와 마늘 스무 톨을 주면서 "너희들이 이것을 먹고 백날 동안 햇빛을 보지 않으면 사람이 될 수 있으리라." 했다.

곰과 범은 이것을 먹으면서 동굴 생활을 시작했다. 곰은 삼칠일(21일) 동안 잘 참고 견디어 여자의 몸으로 변했지만, 범은 이를 참지 못하고 뛰쳐나가 사람이 되지 못했다. 여인이 된 곰(웅녀)이 혼인할 대상이 없어 신단수 아래에서 아이를 낳게 해 달라고 빌었다. 이를 본 환웅이 잠시 인간으로 모습을 바꾸어 그와 혼인하여 아들을 낳으니, 그 이름을 단군왕검이라고 했다.

단군 신화가 말해 주는 것

이 내용을 살펴보면 환인은 하느님이고(기독교의 '하나님'이 아닙니다), 환웅은 하느님의 아들입니다. 태백산 지역(백두산, 묘향산, 태백산 등 여러 가지 설이 있습니다)에 3000여 명이라는 대규모의 무리를 이끌고 내려왔는데, 이들은 농경 민족으로 보입니다. 왜냐하면 무리 중에 농경과 관련되는 비, 바람, 구름을 다루는 사람들이 있기 때문이죠.

환웅이 하늘에서 내려왔다는 것은 새로운 지배자의 출현을 의미합니다. 웅녀와 환웅의 결합은 집단과 집단의 결합을 의미하는 거고요. 그런데 곰과 호랑이가 마늘과 쑥을 먹는 어려운 시험을 강요받았다는 것은 환웅 부족이 더 강대했다는 것을 의미합니다. 곰 부족은 여기에 순응한 것이고, 호랑이 부족은 저항하다가 환웅 부족에게 제거당했다는 것을 알 수 있죠.

단군 신화에서 우리가 알아낼 수 있는 역사적 사실은 만주와 우리나라에 곰과 호랑이를 토템으로 하는 신석기 부족들이 살고 있었다는 것, 환웅 부족이라고 하는 강력한 부족이 새로 등장해 어려운 조건을 내걸었다는 것, 곰 토템 부족은 이 조건을 받아들여 환웅 부족과 타협했지만, 호랑이 토템 부족은 거부하여 결국 제거됐다는 것입니다. 그 결과 환웅 부족이 중심 세력이 되고, 곰 토템 부족이 참여 세력이 되어 이전보다 강력한 지배자인 단군왕검을 등장시켰던 것입니다.

단군왕검은 제사장인 '단군'과 정치적 지배자인 '왕검'이 합쳐진 이름입니다. 즉 단군왕검은 제정일치 사회의 지배자였습니다. 단군왕검은 한 개인의 이름이 아니라 '왕'처럼 지위를 나타내는 이름이었습니다. 단군이 1908년을 살다가 죽어서 신선이 됐다는 얘기가 있는데, 여러 단군이 대를 이어서 1908년간을 지배했다고 해석할 수 있습니다.

우리나라의 청동기 시대는 농사를 바탕으로 하는 부족 사회 단계에서 벗어나, 제정일치의 단군왕검을 내세워 최초의 국가를 건설한 시기라고 할 수 있습니다.

이 시대에 사용했던 청동기 유물을 보면 비파형 동검이 대표적입니다. 중국 악기인 비파처럼 생겨서 '비파형 동검'이라고 하는데, 중국의 청동 검과는 전혀 다르게 생겼습니다. 이것은 우리의 문화가 중국에서

온 것이 아니라 북방의 다른 문화권에서 들어왔다는 것을 알려 주는 것이지요. 철기 시대에는 비파형 동검 대신에 세형 동검이 나타나는데, 모양이 일직선으로 가늘게 생겼기 때문에 가늘 세細자를 써서 '세형 동검'이라고 합니다. 세형 동검은 중국이나 북방 민족에는 없는 우리만의 독창적인 모양이라서 '한국형 동검'이라고 부르기도 합니다.

우리가 중국 문화의 영향을 받은 것은 언제부터일까요? 다음에 나오는 철기 시대부터입니다. 한자를 썼던 붓이 발견되기도 하고, 중국의 돈인 명도전이 나오기 때문입니다. 어떤 나라도 처음부터 지금까지 자기들 문화로만 이루어진 나라는 없습니다. 주변 국가와 교류하고 영향을 주고받으면서 자신들의 고유문화를 발전시켜 나가는 것입니다. 문화 교류의 사각지대에 있던 나라가 세계를 주도한 경우는 없습니다. 이런 나라들은 오히려 역사 발전이 이루어지지 못하고 후퇴했습니다.

우리나라도 선사 시대부터 주변 나라들과 끊임없는 교류를 통해 문화를 받아들이고 우리의 것으로 소화해서 고유한 문화를 발전시켜 온 것입니다.

옛날에는 집을 어떻게 지었나요?

인간은 구석기 시대부터 집을 지었습니다. 집을 짓는 방법을 몰랐을 때는 동물처럼 동굴이나 나무 위에서 살았습니다. 구석기 시대에는 먹을 것을 찾아 이동해야 했으므로 집을 대충 지었습니다. 그런 집을 '막집'이라고 부릅니다. 주거지가 남아 있지만 집의 형태는 남아 있지 않습니다.

신석기 시대가 되면 농사를 짓고 정착 생활을 하게 됩니다. 집도 땅을 파고 그 위에 나무 덩굴 등을 얹어 지붕을 만드는 움집을 짓고 살게 됩니다. 땅 밑으로 움을 팠다고 해서 '움집'이라고 부릅니다.

✚ 일반적으로 집이라는 개념은 정착 생활을 하는 신석기 시대부터 시작됩니다.

옛날에는 농사를 어떻게 지었나요?

신석기 시대부터 농사가 시작됐습니다. 처음에는 돌로 만든 괭이, 호미 같은 도구와 순수한 인간의 힘만으로 농사를 지었습니다.

철기 시대에는 철로 농사 도구를 만들어 사용했습니다. 이에 따라 생산량이 획기적으로 늘어났습니다. 땅을 고르고 갈기가 훨씬 편해졌으니 말입니다. 쟁기를 사용하면서는 소의 힘까지 사용하게 됐는데 이에 따라 비약적으로 생산력 증대가 이루어졌습니다. 소를 이용했다는 기록은 『삼국사기』의 신라 지증왕 시대 기록에 나와 있지만, 그 이전부터 소를 사용했습니다. 농기구 대부분은 지금 사용하는 것들과 모습이 비슷했습니다.

✚ 농기구의 기본 형태는 비슷하지만, 돌에서 쇠로 재료가 바뀌어 갑니다.

마늘과 쑥을 먹고 곰이 사람이 됐다는 게 정말인가요?

마늘과 쑥은 향이 독하여 사람들이 날것으로 먹기에 부적절합니다. 그런데 왜 환웅은 곰과 호랑이에게 마늘과 쑥을 주었을까요? 이것은 환웅이라고 하는 새로운 주도 세력이 곰 토템과 호랑이 토템의 기존 세력에게 자기 세력 밑으로 들어올 것인가 아닌가 하는 문제를 제기한 것을 의미합니다.

마늘과 쑥을 먹고 견딘 곰은 환웅 부족에게 항복한 곰 토템 부족을 의미하고, 못 견디고 뛰쳐나간 호랑이는 환웅 부족에게 저항하다 진 호랑이 토템 부족일 겁니다. 즉 마늘과 쑥은 환웅 부족이 제시한 가혹한 항복 조건이라고 해석됩니다.

✚ 이런 것을 신화의 '역사적 상징성'이라고 합니다. 신화가 가지고 있는 역사적 요소라는 것입니다.

단군왕검이 세운 나라 이름은 그냥 조선이었는데 왜 고조선이라고 하지요?

고조선이라는 명칭은 대한제국 말기 학자들이 처음 썼습니다. 이성계가 세운 조선과 구별하기 위해 붙인 명칭이었습니다. 일연의 『삼국유사』에는 단군 조선, 기자 조선, 위만 조선의 세 조선으로 분류되어 있습니다. 전부 지배 계층의 이름을 따서 붙인 명칭입니다.

이성계와 정도전은 나라를 새로 세우면서 역사가 깊은 조선을 본떠 이름을 정했습니다. 그래서 혼란을 피하기 위해 후세 사람들이 옛날의 조선을 고조선이라 부르게 된 것입니다.

✚ '고조선'이란 원래부터 있던 나라 이름이 아니랍니다.

옛날 한반도의 위쪽에 고조선이 있을 때, 남쪽에는 어떤 나라가 있었나요?

고조선이 있을 때 한강 남쪽에는 '진'이라는 작은 국가들의 연맹체가 있었습니다. 위만 조선이 한나라에게 멸망당해 고조선의 유이민들이 대거 남하해 오면서 토착 사회와 융합했습니다. 그래서 '진'이라는 느슨한 연맹체보다 강한 결속력을 가진 마한, 변한, 진한이라는 삼한이 성립하게 됐습니다.

이후 북쪽에서는 고구려, 부여, 옥저, 동예 같은 나라들이 발전했고 남쪽에는 삼한이 발전했습니다. 마한은 경기, 충청, 전라도 지방에 흩어져 있는 54개의 소국으로 이루어졌고, 모두 10여만 호가 살았습니다. 변한은 김해, 마산 등 경상남도 지역이었고, 진한은 대구, 경주를 중심으로 한 경상북도 지역에서 각각 12개국씩 있었습니다. 마한은 백제로, 변한은 가야로, 진한은 신라로 각각 발전해 갔습니다.

✚ 진국과 고조선 사람들이 섞이면서 하나의 민족으로 성장해 갔다고 할 수 있습니다.

삼국 시대인가요, 사국 시대인가요?

여러 작은 나라의 연맹으로 이루어졌던 가야 연맹은 통일 왕국을 이루지 못하고 멸망함으로써 사국 시대를 열지 못했습니다. 그렇지만 가야의 문화는 일본의 고대 문화에 영향을 주어 지금껏 그 숨결이 전해지고 있습니다.

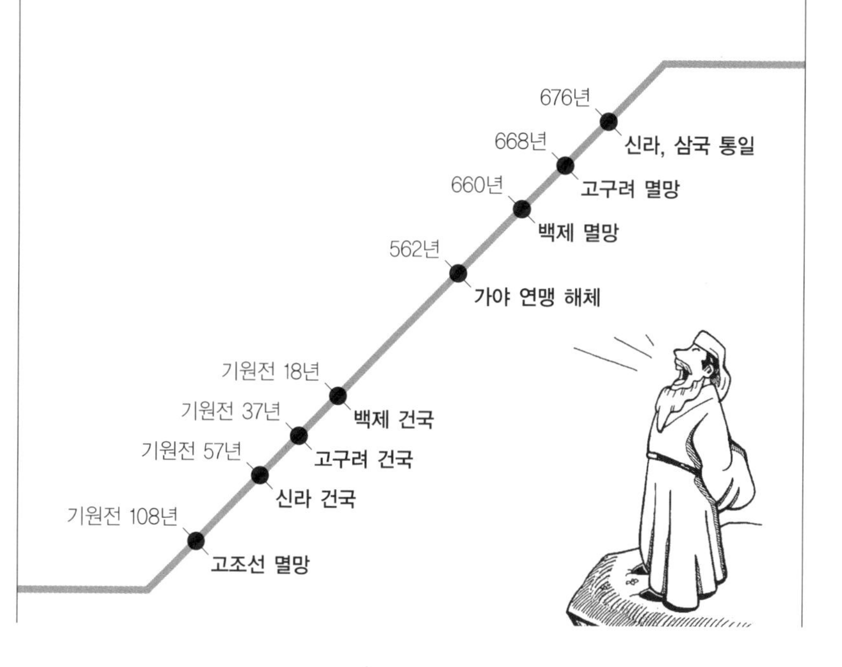

삼국 시대인가요, 사국 시대인가요?

철기 문화가 정착되면서 만주와 우리나라에는 고구려, 백제, 신라 삼국이 성장했고, 가야가 여섯 개의 연맹으로 발전했습니다. 북쪽에서는 고구려가 한사군을 밀어내고 있었고, 마한 54개국은 온조가 세운 백제에 의해 통합됐습니다. 또 경주, 대구를 중심으로 한 지역에서는 박혁거세가 등장해 진한 12개국을 신라로 발전시켰습니다. 경상남도 지역에서는 김수로의 등장으로 변한 12개국이 여섯 가야를 중심으로 합쳐지기 시작했습니다. 이렇게 하여 우리나라는 중앙 집권적 고대 국가 세 나라와 연맹 왕국 한 나라로 발전해 갔습니다.

고대 국가의 탄생

연맹 왕국이 중앙 집권적 국가로 발전하기 위해서는 조건이 성숙되어야 합니다. 연맹 왕국은 왕의 힘이 약하지만 중앙 집권적 국가에서는 왕의 힘이 매우 강해야 하기 때문입니다.

먼저 왕이 세습되어야 합니다. 부족장들이 뽑아서 추대하는 것이 아니라, 왕이 자기 형제 또는 자식에게 왕위를 물려줄 수 있어야 하는 것이지요. 왕이 선출되지 않고 왕위를 마음대로 물려준다는 것은 그만큼 왕의 힘이 세졌다는 것을 의미합니다.

또 율령이 반포되어야 합니다. 율령은 법입니다. 전에는 부족장들이 마음대로 법을 만들어 적용했지만, 율령이 반포되면 왕이 정한 법에 의해서만 처리되니까 부족장보다는 왕이 더 강한 사람이 됩니다.

왕에 대한 충성을 강조하기 위해서 유교를 가르치는 중국식 학교도 설립되고, 사상을 통일하기 위해서 불교도 수입됩니다. 불교의 수입은 왕권 강화에 매우 중요합니다. 당시에는 각 부족마다 토테미즘이나 샤머니즘 같은 것을 가지고 있었습니다. 이런 부족들을 하나의 사상으로 통일하려면 훨씬 수준 높은 고등 종교가 필요해집니다. 바로 이것이 불교를 수입 장려한 이유입니다. 불교에는 전생에서 한 일에 따라 현생에 특정 신분으로 태어난다는 업설이라는 것이 있습니다. 왕은 전생에서도 왕이었고, 백성은 전생에서도 백성이었다는 업설을 이용해 왕은 자신의 권위를 높였습니다.

그 외에도 왕권을 강화하기 위해 병부(지금의 국방부)를 창설하고 부족장들이 가지고 있던 군사권을 회수했습니다. 또 신하들에게 공복(관복)을 정하여 입게 했습니다. 곤룡포라고 하는 용이 그려진 옷은 왕만 입었습니다. 의복에서도 왕의 절대적 권위를 드러내고자 했던 것입니다. 이런 일들은 한꺼번에 이뤄진 것이 아니고, 여러 왕을 거치면서 단계적으로 차근차근 이루어졌습니다.

광개토대왕의 정복 사업

고구려가 최대 영토를 차지한 시기는 광개토대왕의 정복 사업과 장수왕의 남하 정책을 거친 후인 문자왕 때입니다. 광활한 고구려의 영토는 광개토대왕의 업적이지만, 그전에 국가 정비가 있었기 때문이지요.

소수림왕이 율령 반포, 태학 설립으로 국가 제도를 정비한 후 고구려는 동북아시아를 휘어잡는 강력한 국가가 됐습니다. 광개토대왕은 경기도의 임진강에서 만주 일대뿐만 아니라 더 북쪽의 영토까지 고구려의 땅으로 만들었습니다.

광개토대왕은 세자 때 아버지 고국양왕으로부터 보검을 받았습니다. 고국양왕은 세자 담덕에게 “이 보검은 우리 고구려의 시조인 주몽왕 때부터 보배로 전해 내려온 칼이다. 이 보검을 소중히 간직하여 나라를 이어갈 기량을 닦는 데 조금도 소홀함이 없도록 하여라”라고 당부했습니다.

고국양왕이 죽자 담덕은 18세의 나이로 왕위에 올랐습니다. 당시 중국은 5호 16국의 시대로 북방 유목 민족들이 쳐들어와 어수선한 상황이었습니다. 이를 틈타 광개토대왕은 고구려의 영토를 늘리는 데 온 힘을 기울였습니다. 먼저 후방을 든든하게 하게 위해 남쪽의 백제부터 공격했습니다. 고구려와 백제는 광개토대왕의 할아버지인 고국원왕 때부터 한강 유역의 지배권을 둘러싸고 다투어 왔습니다.

광개토대왕은 예성강에서 대치하고 있던 백제를 공격했고, 392년에 4만 명의 군사를 이끌고 백제의 관미성을 비롯해 10개의 성을 빼앗았습니다. 또한 396년에는 수군을 이끌고 진격하여 백제의 58개 성을 점령하여 백제 아신왕의 항복을 받아냈습니다. 고구려는 지리적으로 중요한 한강 유역을 차지했고, 백제 왕의 동생과 대신 10명을 볼모로 삼아 개선했습니다. 이렇게 남쪽을 정리한 후 광개토대왕은 북쪽으로 향했습니다.

당시 신라는 발전 속도가 워낙 느렸기 때문에 중앙 집권적 국가로 발전하지 못하고 고구려를 상국(높은 나라)으로 모시고 있었습니다. 신라는 내물 마립간 때 가야가 왜구와 손을 잡고 쳐들어오자, 광개토대왕에게 원병을 요청하기도 했습니다. 광개토대왕은 기병을 중심으로 5만 명의 군사를 보내 신라를 구원해 주었습니다. 그 바람에 금관가야는 쇠퇴하게 됐지만, 신라는 중앙 집권적 국가로 발전하게 됐고 김씨의 왕위 세습이 이루어집니다. 당시 신라는 고구려의 속국이나 다름없었습니다.

이제 광개토대왕의 북쪽 정복 활동을 살펴보겠습니다. 광개토대왕은 명령만 내리는 왕이 아니라 직접 군대를 이끌고 싸움터를 누비는 최고의 전략가였고 용맹무쌍한 장군이었습니다. 광개토대왕이 직접 온다는 소리만 듣고도 도망가는 부족이 있을 정도였습니다.

광개토대왕은 북쪽의 거란(4~5세기 내몽골 지역에 살던 유목 민족)부터 공격한 후, 중국의 서북쪽 산서성까지 진출했습니다. 이에 위협을 느낀 중국의 후연은 광개토대왕이 신라 구원에 신경 쓰는 사이 고구려를 공격했습니다. 광개토대왕은 요하를 건너 후연•으로 쳐들어가 옛날 단군 조선, 위만 조선의 땅이었던 숙군성을 함락시켰습니다. 한나라에게 빼앗겼던 요동과 요서 지방의 땅들을 되찾은 것이지요. 또한 부여와 말갈까지도 손에 넣어 고구려는 동북아시아의 대부분을 차지하는 최고의 국가로 부상했습니다. 광개토대왕은 일생 동안 64개 성 1400여 촌락을 차지했으니 서양의 정복왕인 알렉산더대왕처럼 동양의 정복왕이라고 해도 과언이 아닐 것입니다.

중국에게 가장 위협적인 국가

광개토대왕은 왕위에 오른 후 20여 년 동안 전쟁터에서 살다시피 하다가 39세의 나이로 죽었습니다. 그 뒤를 이어 아버지 광개토대왕의 정복 사업을 마무리한 사람이 바로 장수왕이었습니다.

얼마나 오래 살았으면 장수왕일까요? 413년부터 시작해서 491년까지 왕을 했으니까 재위 기간만 78년입니다. 나이도 100살에 가까웠습니다(정확히는 98세까지 살았습니다). 당시 평균 수명에 비하면 무려 세 배 가까이 살았으니까 장수왕이라 할 만합니다. 장수왕의 아들은 일찍 죽어서 손자가 대신 왕이 됐는데 그 사람이 바로 문자왕입니다.

영토가 넓어지자 장수왕은 나라의 체제를 정비했습니다. 수도를 국내성에서 대동강 유역의 평양으로 옮기고, 백제와 신라를 남으로 밀어붙여 압박을 가했습니다. 이에 백제의 개로왕은 남쪽의 웅진(지금의 공주)

• 선비족이 세운 나라. 384년~407년.

으로 수도를 옮길 수밖에 없었습니다. 이렇게 해서 한강을 점령한 고구려가 삼국 간의 항쟁에서 주도권을 쥐게 됐습니다.

한강까지 차지한 고구려의 영토는 남쪽으로는 아산만에서 소백산맥을 넘어 영일만까지 이르게 됐고 북쪽은 요동과 만주 땅까지 이르러 동아시아에서 최대 영토를 가진 강대국이 됐습니다. 고구려는 당시 북방 민족의 침입에 맞서 싸우고 있던 중국에 가장 위협적인 국가였습니다.

이때 백제와 신라는 고구려의 공격으로부터 살아남기 위해 동맹을 맺었는데, 이를 신라의 '라'와 백제의 '제'를 따서 나제 동맹이라고 부릅니다. 강한 나라에 맞서 약한 나라들이 동맹을 맺는 것은 예나 지금이나 똑같습니다.

광개토대왕과 장수왕 때 고구려 사람들은 고구려가 천하의 중심이라고 생각했습니다. 사람들은 왕을 '태왕' 또는 '성왕'이라고 높여 불렀지요. 광개토대왕은 당시 동아시아에서는 중국만이 사용하던 연호(해를 세는 방법)를 사용했는데 이때 '영락'이라는 연호를 썼습니다.

고구려 사람들은 백제와 신라에 대해 우월의식을 가졌습니다. 신라는 정치적 안정을 위해 고구려에 인질을 보냈고, 고구려는 신라를 신하의 나라로 생각했습니다. 서쪽에는 중국, 동쪽에는 고구려가 최고의 국가라는 확고한 자존 의식을 가지고 있었던 것입니다. 중국의 북위라는 나라가 여러 나라의 외교 사신을 접대할 때, 고구려 사신을 특별히 우대한 것을 봐도 당시 고구려가 매우 강력한 나라였음이 틀림없습니다.

고구려는 한강을 차지함으로써 고구려, 백제, 신라 삼국 중에서 주도권을 차지할 수 있었습니다. 한강 주변은 따뜻하고 쌀 등 농산물이

풍부하며 중국과 통하는 교통의 요지였기 때문에 삼국 경쟁에서 주도권을 가지게 된 것입니다. 그 후 약 100여 년간 고구려는 만주와 한반도의 패자로 군림했습니다.

'백성이 즐겁게 따른 나라', 백제

고구려가 건국된 직후에 남쪽의 한강 부근에서 새로운 나라가 세워졌습니다. 백제입니다. 이 나라를 세운 사람은 온조인데, 주몽의 아들입니다. 왜 주몽의 아들인 온조는 고구려를 떠나 다른 나라를 세웠을까요?

주몽이 큰아들 유리를 태자로 삼자 비류와 온조는 어머니인 소서노와 오간, 마려 등 열 명의 신하와 따르는 백성을 거느리고 남쪽으로 내려와 위례성(지금의 서울)에 나라를 세웁니다. 형인 비류와 그를 따르는 무리는 한강 유역을 버리고 바다가 보이는 미추홀(지금의 인천)로 갔습니다. 그러나 물맛이 짜고 농사가 잘되지 않아서 살기가 어려워지자 다시 동생인 온조에게 합류했습니다. 이 과정에서 비류가 죽어 온조가 왕이 됐습니다. 온조는 돌아온 백성을 받아들여 나라 이름을 백제로 고쳤습니다.

백제는 '백성이 즐겁게 따랐다'라는 뜻입니다. 한강 유역은 일찍부터 철기 문화가 발달한 데다가 바다를 통해 중국의 선진 문화를 받아들이기 좋은 곳이었기 때문에 백제는 다른 두 나라에 비해 조금 더 빨리 국가 체제를 정비해 나갈 수 있었습니다. 따라서 문화도 좀 더 세련되게 발전했습니다.

백제는 처음에는 마한에 속하는 작은 나라로 출발했으나 북쪽의 선진 문화를 받아들이고 힘을 길러 차츰 영토를 넓혀 갔습니다. 온조왕은 갈라졌던 비류왕의 미추홀 지방을 합친 것을 바탕으로 백제를 지금의 서울을 중심으로 북쪽으로는 예성강, 남쪽으로는 공주, 동쪽으로는 춘천, 서쪽으로는 서해에 이르는 지역을 차지하는 큰 나라로 성장시켰습니다.

장보고보다 빨랐던 해상 제국의 건설

백제가 중국 군현의 세력을 물리치고 나라의 기틀을 마련한 것은 3세기 중엽 고이왕 때였습니다. 고이왕은 마한의 중심 세력인 목지국을 합치고, 우리나라의 중부 지역을 확보했습니다. 새로 관리들의 등급을 정하고, 옷 색깔로 관리들의 신분을 표시하게 하고, 율령을 반포하여 중앙 집권적 국가를 만들었습니다.

초기 국가 형태는 고구려가 먼저 구축했지만 고대 국가 체제를 정비한 것은 백제가 오히려 빨랐습니다. 이는 백제가 바다를 통해서 중국과 교류가 많았기 때문입니다. 이제 한강 유역이 왜 중요한지 알겠지요?

고이왕의 노력을 바탕으로 백제도 전성기를 맞이하게 됩니다. 고구려에 광개토대왕이 있었다면 백제에는 근초고왕이 있었습니다. 광개토대왕보다 조금 앞선 4세기 중엽에 근초고왕은 왕위의 부자 상속을 이루면서 강력한 왕권을 확립했습니다. 이를 바탕으로 근초고왕은 마음 놓고 국가 밖으로 뻗어 나갔습니다. 북쪽으로는 고구려와 싸워서 황해도 일대를 장악했는데, 평양성 전투에서 고국원왕을 죽였습니다.

그리고 남쪽으로는 마한 지역에 있던 소국들을 전부 다 정복했습니다. 지금의 충청도와 전라도 전체를 백제의 땅으로 만든 것입니다.

이를 기반으로 백제는 서해를 건너 중국의 요서 지방과 산동 지방, 일본의 규슈 지방에 진출하여 활동 무대를 해외로 넓혀 갔습니다. 서해를 중심으로 동아시아의 해상 제국을 건설한 것입니다. 중국 기록에 백제가 요서와 산동 지역에 있었다는 기록이 있는 것으로 보아 백제 세력이 중국에 진출했음이 틀림없습니다.

당시 일본은 백제의 고급 문화를 수입하기 위해 백제와 친밀하게 지냈습니다. 지금도 일본 규슈 지역에는 백제와 관련된 유적과 유물들이 많습니다. 백제는 신라 시대 장보고보다 훨씬 먼저 서해를 중심으로 하는 해상 제국을 건설했던 것입니다.

한강 땅을 마지막으로 차지한 신라

지금의 경주 일대에는 사로국이라는 조그마한 나라가 있었습니다. 사로국은 삼한 중 진한 12개국의 하나였습니다. 그런데 이 사로국이 진한의 으뜸이 되도록 기초를 쌓은 사람이 박혁거세 거서간입니다. 신라는 고구려와 백제에 막혀서 중국 문화 수입이 늦어져 왕이라는 칭호도 몰랐습니다.

그래서 지증왕 때까지 왕이라는 칭호를 쓰지 않고 순수한 우리말로 왕을 표현했는데, 거서간—차차웅—이사금—마립간이라고 했습니다. 거서간은 '밝은 태양', 차차웅은 '무당' 즉 '제사장', 이사금은 나이가 많은 '연장자'라는 뜻이고, 마립간은 최고의 우두머리라는 뜻입니다. 밝은 태양은 태양이니까 왕이라고 생각됐고, 차차웅은 신과 통하는 능력을 지니고 제사를 주관하는 제사장이라는 뜻이 있습니다.

이사금에는 이런 사연이 있습니다. 남해 차차웅의 아들 유리와 사위인 탈해가 서로 왕위를 양보하다가 떡을 깨물어서 이빨 자국이 많이 난 유리가 먼저 왕을 하게 되어 나이가 많다는 '이사금'의 칭호가 붙게 된 것입니다. 내물 마립간 때 쓴 마립간은 마루가 산마루의 마루, 즉 '제일 높은'이라는 뜻이고 간은 족장, 그래서 제일 높은 족장(우두머리)이라는 뜻을 갖고 있습니다.

박혁거세 때부터 신라도 백제나 고구려처럼 주변 작은 나라들을 차

례로 정복해 차츰 강한 나라로 성장했습니다. 그렇지만 처음에는 박, 석, 김 세 성씨가 돌아가면서 왕을 했습니다. 여러 세력들이 연합하여 이루어진 나라였기 때문입니다. 그만큼 고구려나 백제에 비해 발전이 늦었습니다.

신라가 나라의 모습을 제대로 갖추기 시작한 것은 4세기 후반 내물 마립간 때입니다. 내물 마립간은 진한의 여러 나라를 정복하여 낙동강 유역까지 영토를 확장했습니다. 김씨만이 왕위를 이어 가도록 왕위 세습도 확립했습니다. 그래서 왕이라는 의미인 마립간 칭호를 자신 있게 사용했습니다.

사로국에서 신라로

6세기 초인 지증왕 때부터 신라는 부강해지기 시작했습니다. 지증왕은 나라의 면모가 날로 새로워진다는 의미로 나라 이름을 '신라'로 고치고 마립간이라는 명칭도 중국식으로 고쳐 왕으로 부르게 했습니다. 우산국(울릉도와 독도) 정복도 이때 이루어졌습니다. 그 뒤를 이은 법흥왕은 율령을 반포하고 관리의 등급을 17등급으로 나누었으며, 관리들에게 공식적인 복장인 관복을 입혔습니다. 드디어 신라도 중앙 집권적 국가로 발전한 것입니다. 이렇게 국가 체제를 정비하고 자신이 생기자 법흥왕도 '건원'이라는 연호를 사용했습니다.

국내가 안정됐으니 신라도 고구려나 백제처럼 밖으로 뻗어 나가야겠지요? 이때 신라의 '정복왕' 진흥왕이 등장합니다. 진흥왕은 황룡사를 짓고 대규모의 불교 집회를 열어서 나라의 평안과 발전을 빌면서

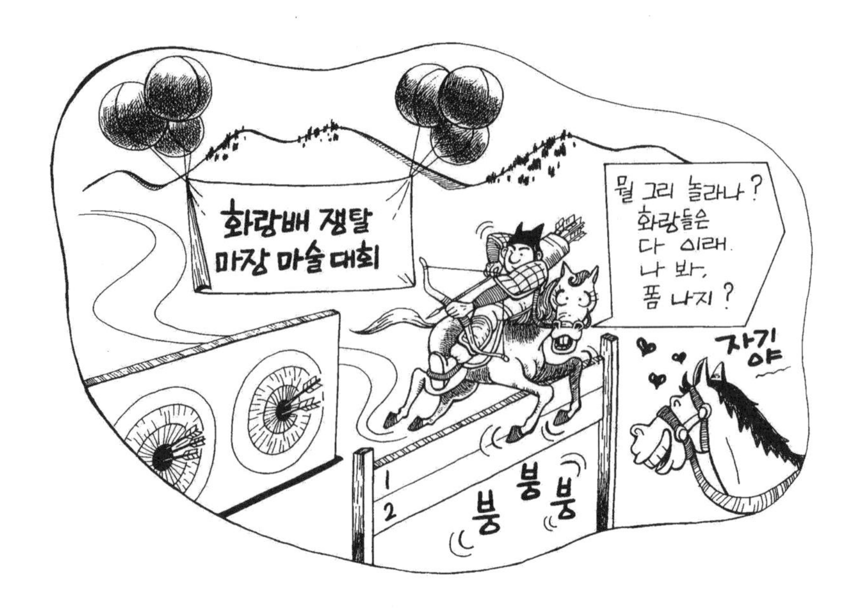

나라의 단합을 추진했습니다.

동시에 청소년들이 나라의 근간이 되어야 한다는 생각에서 화랑도를 국가 조직으로 개편하여 많은 인재를 양성했습니다. 화랑도는 지금의 육군 사관학교라고 생각하면 됩니다. 화랑도에서 많은 장군과 재상이 배출되어 신라는 더욱 강한 나라로 성장하게 됐습니다.

진흥왕은 나라의 기반을 굳게 다지고 나서 영토를 확장하기 시작했습니다. 그는 백제의 성왕과 연합하여 고구려를 쳐서 한강 상류의 땅을 되찾았습니다. 그리고 나서는 백제의 성왕으로부터 이 땅까지 빼앗아 버렸습니다. 한강 유역의 하류부터 상류까지 다 차지함으로써 신라는 삼국 전쟁에서 가장 유리한 입장에 서게 됐던 것입니다.

진흥왕은 가야 연맹을 이끌고 있던 대가야를 정복하여 낙동강 유역을 포함한 경상도 전 지역을 차지했고 동해안을 따라 올라가 고구려의 땅이었던 함흥평야까지 정복했습니다. 진흥왕은 정복한 땅에 자신의 업적을 기리는 비석을 세웠는데 그것이 지금도 남아 있는 진흥왕 순수비입니다.

이 비는 정복하자마자 세운 것이 아니라, 정복한 후에 자기 땅을 돌아보면서 세워서 '순수비巡狩碑' 라고 합니다. 옛날 중국 주나라 때 주왕이 제후들에게 나누어 준 땅들을 돌아다니면서 제후들이 잘 다스리는지 살펴보는 것을 '순수巡狩' 라고 했는데 여기서 유래된 것입니다.

진흥왕은 자신을 중국의 황제에 비교하여 '태왕', '짐' 이라는 칭호를 써서 중국과 대등하다는 자주 의식을 나타냈습니다. 이때부터 삼국 중 신라가 단연 앞서 나가게 됐습니다. 고구려는 신라에 대항하기 위해 돌궐을 포함하여 백제, 왜와 연결하는 남북 동맹을 성립시켰습니다. 이에 맞서 신라는 당나라와 동서 연맹을 구축하게 됩니다.

철의 나라, 가야

경주 지역에서 사로국이 막 성장하고 있을 무렵 낙동강 하류 유역의 변한 땅에서도 여러 나라가 발전하고 있었습니다. 당시 가야에는 왕이 없었고, '간' 이라고 불리는 아홉 명의 대표자들이 다스리고 있었습니다. 이때 등장한 인물들이 수로왕을 위시한 여섯 명입니다.

어느 날, 구지봉에서 이상한 소리가 났습니다. 그래서 아홉 간이 모두 모였는데, 모습은 보이지 않고 목소리만 계속 들렸습니다.

"하늘이 내게 이곳에 내려가 나라를 세우고 왕이 되라고 하셨다. 이 산꼭대기의 땅을 파면서, '거북아, 거북아 머리를 내밀어라. 내밀지 않으면 구워 먹겠다.' 고 노래하고 춤을 추어라. 그러면 왕을 맞게 될 것이다." (《삼국유사》중 '가락국기' 에서)

아홉 간이 시키는 대로 노래를 부르고 춤을 추자 자주색 줄이 하늘에서 내려와 끝을 따라가 보니 붉은 보자기로 싼 황금 상자가 놓여 있고 상자 안에는 태양처럼 둥근 황금빛 알 여섯 개가 들어 있었습니다. 이 알에서 12일 만에 어린아이들이 태어났는데 제일 먼저 태어난 아이를 세상에 처음 태어났다고 해서 '수로' 라고 불렀습니다. 수로는 자라서 왕이 되어 나라 이름을 '가야' 라고 했습니다. 나머지 다섯 개의 알에서 태어난 아이들도 각각 왕이 되어서 모두 여섯 개의 가야가 됐지요.

가야가 자리 잡은 지역은 품질이 좋은 철이 많이 나는 곳이었습니다. 그래서 가야는 일찍부터 철제 무기가 발달하였고, 철을 수출했습니다. 특히 낙동강이 바다로 흘러들어 가는 김해에 자리 잡은 금관가야는 해상 교통이 발달하여 중국과 일본의 규슈까지 철을 내다 팔았습니다. 가야에서는 쇳덩이를 화폐로 사용할 정도로 철기 문화가 발달했습니다.

일본에 전해진 가야의 숨결

이렇게 발달한 가야가 있었음에도 왜 우리는 이 시대를 '사국 시대' 라고 하지 않고 '삼국 시대' 라고 할까요? 그 이유는 가야가 신라에 망할 때까지 하나로 통일된 강력한 중앙 집권 국가가 되지 못했기 때문입니다.

가야는 낙동강 동쪽으로 진출하려고 했으나 신라에게 가로막혀서 더 이상의 발전을 이루지 못했습니다. 그래서 가야는 백제와 연합해 신라를 견제했습니다. 처음에는 금관가야를 중심으로 신라에 맞서 싸웠습니다. 그런데 신라 내물 마립간 때 고구려 군대가 신라를 도와주는 바람에 금관가야는 큰 타격을 입어서 지도국의 지위가 흔들리게 됐습니다. 그래서 낙동강 서쪽의 여러 가야는 피해가 적었던 고령 지방의 대가야를 중심으로 뭉쳐, 백제와 손잡고 신라에 대항했습니다.

5세기 후반 고령을 중심으로 하는 가야 연맹은 크게 발전해서 소백산맥 서쪽까지 차지할 정도로 다시 강성해지기도 했습니다. 그러나 6세기에 접어들면서 백제와 신라 사이에 끼여서 위축되고 말았습니다. 한강 유역을 신라에 빼앗긴 백제가 가야 지방을 차지하려는 마음을 가지게 됐고, 신라는 이를 막기 위해 가야 연맹을 억눌렀습니다. 이런 상황이었음에도 가야 연맹은 각각의 작은 나라들이 독자적인 정치 체제를 유지했기 때문에 강력한 지배 권력이 나타나지 못하여 멸망하고 말았습니다.

가야 연맹은 두 나라의 침략으로 점차 영토가 작아지다가 결국 562년 이사부가 이끄는 신라 군대의 침입을 받고 대가야부터 무너지고 말았습니다. 함안 지역에 있었던 아라가야, 고성의 소가야까지 망하면서 가야 연맹은 역사의 무대에서 사라졌습니다.

여러 작은 나라의 연맹으로 이루어졌던 가야 연맹은 통일 왕국을 이루지 못하고 멸망함으로써 사국 시대를 열지 못했습니다. 그렇지만 가야의 문화는 일본의 고대 문화에 영향을 주어 지금껏 그 숨결이 전해지고 있습니다.

주몽은 진짜 알에서 태어났나요?

고대 신화에서는 영웅이나 건국 시조들의 탄생을 신비하게 설명하는 경우가 많습니다. 신과 같은 권위를 부여하기 위해서 알에서 태어났다고 하는 경우도 많습니다.

우리나라에서는 고구려의 시조인 주몽(동명성왕)부터 신라의 시조 박혁거세, 석탈해, 김알지, 가야국의 시조 수로왕 등이 모두 알에서 태어났다는 난생 설화를 가지고 있습니다. 이 난생 설화는 초원길 라인에 있는 동북아시아 지방 민족에게서 많이 볼 수 있습니다.

✚ 영웅이나 건국 시조를 신격화하는 것은 어느 나라에서나 나타나는 보편적인 현상입니다.

우리 땅이 제일 넓었던 때는 언제였나요?

고구려 장수왕과 문자왕 때 우리나라 영토가 가장 넓었다고 볼 수 있습니다. 발해가 있던 남북국 시대가 가장 넓었다는 주장도 있지만 발해의 러시아 쪽 영토가 어디까지인지 불분명하기 때문에 오차의 가능성이 있습니다.

광개토대왕이 정복한 지역이 어디까지인가 하는 것도 정확하지 않고요. 보통 역사적 기록에서는 문자왕 때 가장 영토가 넓고 전성기를 맞이했다고 합니다.

✚ 고구려 전성기인 4세기 말에서 5세기 초 시기가 우리나라 영토가 가장 넓었던 때였습니다.

옛 고구려 땅을 돌려 달라고 하면 안 되나요?

돌려 달라고 주장할 수는 있지만, 중국 쪽에서 결사적으로 방어할 것입니다. 영토 개념은 근대 국가가 만들어지면서부터 정립된 것입니다. 즉 제2차 세계 대전이 끝나고 확정된 것이지요. 역사적 근거만 따지면서 돌려 달라고 주장하다 보면 세계 곳곳에서 전쟁이 일어날 수밖에 없습니다.

세계 여러 지역에서 벌어지고 있는 전쟁 중에는 옛날의 영토를 내놓으라고 싸우는 전쟁도 있습니다. 고구려의 옛 땅을 되찾는다는 것은 결코 쉬운 일이 아닙니다. 중국에서는 우리나라가 통일된 후 강대국이 되어서 그 땅을 내놓으랄까 봐, 고조선, 고구려 역사가 한국사가 아니라 중국사라고 왜곡하는 '동북공정' 작업을 미리 하고 있는 것입니다.

✚ 우리도 하루빨리 동북공정에 대응하는 학문 연구를 진행해야 합니다.

어떤 사람들이 화랑을 했나요?

신라는 아주 엄격한 신분제 사회였습니다. 골품제가 적용되던 사회였지요. 골품제란 자신이 태어난 집안의 신분에 따라 사회적 지위가 정해지는 신분 제도입니다. 왕족은 부모가 모두 왕의 집안인 경우 성골, 어느 한 쪽만 왕족이면 진골이 됩니다. 통일 이전에는 성골들이 쭉 왕을 하다가 진덕여왕이 죽으면서 성골의 대가 끊겨 진골인 김춘추가 즉위했습니다. 이때부터 진골들이 왕이 됐습니다.

성골과 진골을 골품 귀족이라고 합니다. 그리고 그 아래에 6두품, 5두품, 4두품의 두품 귀족이 있었습니다, 3두품에서 1두품까지는 통일 이후 구분이 없어지고 평민화됩니다. 신라에서는 신분에 따라 관등의 승진뿐만 아니라, 집의 크기, 수레의 크기 등 모든 사회생활에 제한을 받았습니다. 화랑도 마찬가지였어요. 진골 귀족의 자제만 화랑이 될 수 있었고, 6두품 이하는 낭도라는 화랑을 따르는 무리가 됐습니다.

화랑은 지금의 사관학교라고 할 수 있습니다. 낭도들을 이끌고 명산대천을 찾아다니며 심신 수련을 하다가 국가 위기 시에는 군인으로서 전장에 나갔습니다. 많은 사람들이 신라가 삼국을 통일한 이유 중의 하나로 화랑을 꼽고 있습니다. 통일에 공이 컸던 김춘추, 김유신이 모두 화랑 출신이었습니다. 통일 이후에도 대부분의 장군과 재상들은 화랑에서 나왔습니다.

✚ 화랑은 신분간의 갈등을 완화하는 기능을 가지고 있지만, 신라가 신분제 사회임을 보여주는 증거라고도 할 수 있어요.

가야에서 철기 문화가 발전한 이유는 무엇인가요?

선진 문물의 수입 경로를 보면 철기 문화가 북쪽부터 발전하는 것이 일반적입니다. 하지만, 가야 지역에는 철광석 노천 광산이 많았습니다. 북쪽은 매장량이 많아도 땅을 한참 파야 하니까 당시 기술로는 철광석을 풍부하게 확보하기 어려웠습니다. 가야 지방은 바다와 접해 있어서 당시 한나라와의 교류를 통해 철기 제련 기술도 앞서 있었습니다.

✚ 가야의 철기 기술은 가야가 중앙 집권 국가가 되지 못했음에도 삼국에 맞서 6세기까지 버틴 원동력이었습니다.

통일신라 시대인가요, 남북국 시대인가요?

고구려와 백제를 멸망시킨 후, 당나라는 신라와의 약속을 깨고 신라까지도 정복하려는 야심을 보였습니다. 그래서 신라도 당나라에 대항해 전쟁을 하게 된 것입니다. 나 · 당 전쟁 끝에 신라가 승리를 거두기는 했지만, 옛 고구려 땅을 모두 당나라에 빼앗겨 영토가 축소되고 말았습니다. 그렇지만 발해가 성립되면서 대부분의 고구려 땅을 되찾았기 때문에 우리는 그 시기를 '남북국 시대'라고 부릅니다.

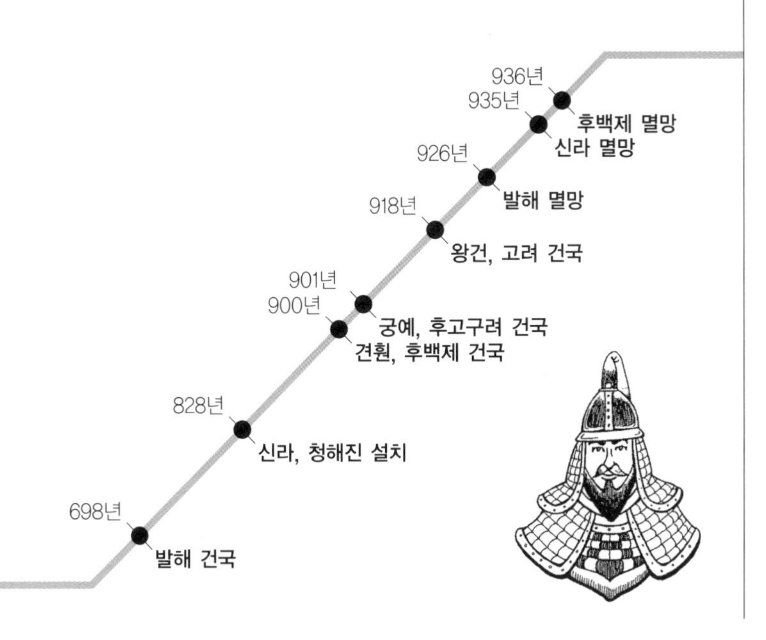

통일신라 시대인가요, 남북국 시대인가요?

고구려가 멸망한 후 고구려 유민들은 이리저리 흩어졌습니다. 일부 귀족들은 당나라로 끌려갔습니다. 더 많은 유민들은 당나라에 저항해서 당나라 군대와 안동 도호부를 요동 지방으로 몰아냈습니다.

이때 당나라의 가혹한 수탈에 시달리던 거란족이 반란을 일으키자 그 틈을 타서 요서 지방에 있던 대조영은 고구려인들과 말갈인들을 이끌고 요하를 건너 동쪽으로 이동했습니다. 당나라는 대조영을 위험시하여 쫓아왔으나, 오히려 대조영에게 크게 패했습니다. 대조영은 고구려 유민과 말갈인들을 모아 698년 길림성의 동모산 근처에다가 수도를 세우고 발해국을 세웠습니다.

발해는 우리나라의 역사

발해는 소수의 고구려인이 다수의 말갈인을 다스리는 나라였습니다. 그렇다면 발해는 고구려인의 나라였을까요, 말갈인의 나라였을까요? 중국은 발해의 백성이 대부분 말갈족이었기 때문에 발해는 자기네 역사라고 주장합니다.

지금 말갈족은 대부분 중국 국민이기 때문이죠. 그러나 말갈족은 처음부터 중국인은 아니었습니다. 고구려 때는 고구려의 지배하에 있었던 민족 중 하나였습니다. 광개토대왕과 장수왕 시절의 영토를 생각해 보면 거기에 고구려 국민만 있었던 것이 아니었을 것입니다. 고구려계 말갈족도 있었고, 고구려계 거란족도 있었습니다. 그러니까 발해의 말갈족은 원래 고구려에 살던 말갈족이라고 보는 것이 자연스럽습니다.

단지 말갈족의 존재만을 이유로 발해를 자기네 나라라고 하는 중국의 주장에 문제가 있다는 것을 알 수가 있습니다.

더 중요한 것은 발해인들 스스로 자신들을 어떻게 생각하고 있었는가 하는 것입니다. 발해의 문왕은 일본에 보내는 국서에 자신을 '고려왕'이라고 썼습니다. 여기서 '고려'는 왕건의 고려가 아니라 '고구려'를 의미하는 것입니다. 장수왕 때를 비롯하여 여러 시기에 고구려는 자신을 '고려'라고도 불렀습니다. 일본이 발해에 국서를 보낼 때도 '고려왕'이라고 불렀습니다. 신라의 최치원도 '지난날의 고구려가 발해다'라고 밝히고 있습니다. 발해가 어느 나라의 역사인지 더 이상 이야기할 필요가 없을 것입니다.

대조영은 요서 지방의 영주라는 곳에 살던 고구려인이었습니다. 당시 영주의 도독으로 와 있던 당나라 조문홰가 그곳에 살던 거란인들을 하도 괴롭혀서 거란인들이 반란을 일으켰는데, 이 반란에 고구려인들과 말갈인들도 참여했습니다. 그때 말갈인의 우두머리가 걸사비우였고, 고구려인의 우두머리가 대조영의 아버지였던 걸걸중상이었습니다.

걸사비우와 걸걸중상은 당나라가 반란을 진압하지 못하는 사이에 무리를 이끌고 영주를 탈출하여 요동 쪽으로 도망갔습니다. 당나라는 장군 이해고를 보내 뒤쫓았는데 이 싸움에서 말갈인을 이끌던 걸사비우가 전사하고 말았습니다. 살아남은 말갈인들과 고구려인들은 천문령에서 당나라 군대를 맞아 결전을 벌였는데, 대조영이 숲속에 군대를 매복시켰다가 당나라 군사들을 전멸시켰습니다.

대조영은 무리를 이끌고 동모산에서 나라를 세운 후 이름을 '진국'이라고 지었습니다. 발해의 힘이 더욱 강해지자 당나라 현종도 할 수 없이 사신을 보내 화해를 청했고, 대조영을 '발해군왕'이라고 부르면서 진국을 인정할 수밖에 없었습니다. 대조영은 713년에 나라 이름을 '발해'로 바꿨습니다.

해동성국, 발해

발해는 고구려를 멸망시킨 당나라나 신라와 사이가 좋지 않았습니다. 발해는 신라를 견제하기 위해 북쪽에서 당나라와 맞서고 있는 돌궐이나 바다 건너 일본과 친선 관계를 맺었습니다.

반면 당나라는 신라와 다시 손을 잡고 발해에 귀속되기를 거부한 일부 말갈족을 이용해 발해를 견제했습니다. 또다시 합종연횡•이 이루어졌던 것입니다. 발해는 당나라와 투쟁하는 과정에서 세워졌기 때문에 당나라의 견제와 침략에 적극적으로 대항했습니다. 그래서 대조영의 뒤를 이은 무왕 때에는 당나라나 신라와 긴장 관계를 유지할 수밖에 없었습니다.

하지만 발해가 안정을 되찾고, 당나라의 힘이 약해지자 서로 양보하면서 지내는 관계로 바뀌었습니다. 무왕의 뒤를 이은 문왕 때에는 당과의 싸움을 중단하고 당나라의 발달된 선진 문화를 받아들여 나라 안을 다스리는 데 온 힘을 기울였습니다. 문왕은 수도를 동모산에서 목단강이 흐르는 상경 용천부로 옮겨 내치에 힘썼습니다. 그 결과 발해는 나라를 세운 지 약 150년 후인 9세기 초에 전성기를 맞았습니다.

발해는 자신들의 고유문화인 고구려 문화를 바탕으로 당나라의 문화를 받아들였고 돌궐을 비롯한 중앙아시아 여러 나라의 문화도 받아들여 발해만의 독특한 문화를 발전시켰습니다. 이렇게 문화가 꽃핀 때가 10대 왕인 선왕 때였습니다. 영토도 북쪽으로는 흑룡강, 동쪽으로는 동해를 비롯한 바다, 서쪽으로는 거란과 맞닿아 있었고 지금의 연

• 중국에서 기원전 400년 말에 진이 최강국으로 등장하자 나머지 6개국이 연합하여 동맹을 맺은 것을 합종(合從)이라 하고, 진이 나머지 6국을 견제하기 위해 각각의 나라와 평화 조약을 맺은 것을 연횡(蓮橫)이라고 한다.

해주보다 넓은 지역이 모두 발해의 땅이었습니다. 그래서 당나라도 당시의 발해를 '바다 동쪽의 번성한 나라'라는 뜻의 '해동성국海東盛國'이라고 불렀습니다.

그렇게 번성했던 발해는 나라가 세워진 지 약 230년 후 급속히 약해져 926년에 거란에 망해 버리고 말았습니다. 공식적인 기록이 남아 있지 않아서 잘 알 수 없지만 거란이 발해의 수도인 상경 용천부를 포위한 지 며칠 만에 항복한 것으로 보아 아마도 고구려처럼 지배층이 분열하는 바람에 맥없이 멸망하지 않았나 싶습니다. 멸망한 후에 세자 대광현과 많은 고구려 출신 귀족들은 고구려의 뒤를 잇겠다는 기치를 내건 왕건에게 가서 후한 대접을 받았습니다.

화랑정신의 몰락과 진골 귀족의 붕괴

백제와 고구려를 무너뜨리고 삼국을 통일한 신라는 약 100년 동안 안정된 번영을 누렸지만 지배층이 사치와 향락에 빠지면서 서서히 무너지기 시작했습니다. 절대적인 권위를 자랑하던 김춘추 계열의 왕권도 다른 진골 귀족들의 도전으로 흔들리기 시작했습니다.

혜공왕이 어린 나이로 왕위에 오르면서 진골 귀족들이 왕을 업수이 여겨 귀족들의 다툼이 시작됐고, 결국 혜공왕이 살해되면서 김춘추 계열의 왕위가 끊겼습니다. 이후 왕위 다툼이 심해지면서 150여 년 동안 20명의 왕이 바뀌는 큰 혼란이 일어나 왕권이 크게 약화됐습니다. 적은 수의 진골 귀족들에게 권력이 집중되면서 왕과 진골 귀족 사이에, 그리고 진골 귀족 간에 싸움이 일어나 중앙 정치가 아주 혼란스러웠습

니다. 진골 귀족들은 농민들의 땅을 빼앗아 대농장을 만들고 사병을 키워 서로 다투었습니다.

이렇게 정치가 어지럽고 진골 귀족들이 사치와 향락에 빠지자 생활이 어려워진 백성들이 봉기를 일으켰습니다. 최초의 농민 봉기는 사벌주(지금의 경상북도 상주)에서 일어난 원종과 애노의 봉기였습니다. 금성 서남쪽 지방에서는 '붉은 바지 농민군'이 봉기를 해서 수도였던 금성(경주)까지 쳐들어갔습니다. 그러나 신라 지배층은 권력 다툼을 하느라 효과적인 대처를 하지 못했습니다. 이렇게 되자 지방은 중앙의 힘이 미치지 못하는 곳이 되고 말았습니다.

그 틈을 타 지방에서는 군사들을 모아 스스로 '성주' 또는 '장군'이라 칭하면서 지방을 지배하는 사람들이 나타나기 시작했습니다. 이들은 백성들로부터 직접 세금을 걷고 군대를 모았습니다. 이들이 '호족' 입니다. 지방 반란 세력에 불과했던 이들은 6두품 지식인들을 끌어들이면서 체계적인 통치력까지 갖춰 갔습니다.

6두품 세력들은 진골의 바로 밑 신분이었지만, 왕은 커녕 재상 자리에도 올라갈 수 없었습니다. 최치원 같은 6두품 세력들이 신라 말기에 혼란을 수습할 수 있는 개혁안을 중앙 정부에 제시했지만, 진골 지배층은 콧방귀도 안 뀌었습니다. 6두품들은 진골 귀족들에 실망해 새롭게 등장한 호족 세력들에게 기대를 걸고 그들과 손을 잡기 시작했습니다.

견훤, 궁예, 왕건

9세기 무렵 신라 각 지방에는 호족들이 수없이 등장했는데, 그중에서도 가장 세력이 컸던 것이 견훤, 궁예, 왕건이었습니다.

견훤은 상주 출신으로 서남 해안을 지키던 군인이었습니다. 전국에서 농민 봉기가 일어나 나라가 혼란에 빠지자 서해안의 호족 세력과 도적떼 등을 자신의 군대로 흡수하여 호족이 됐습니다. 견훤은 900년에 나주를 거쳐 무진주(지금의 광주광역시)를 점령하고 북상해 완산주(전라북도 전주)에 도읍을 정하고 백제(후백제)를 세웠습니다. 이 지역 사람들에게 '백제의 원한을 갚자' 고 해서 큰 지지를 받았지요. 후백제를 세운 견훤은 오늘날의 전라도와 충청도를 거의 다 차지하고 신라를 위협했습니다. 외교에도 힘을 기울여 중국, 거란, 일본과 사신을 주고받았습니다.

궁예는 북원(지금의 강원도 원주)의 호족이었던 양길의 부하로 있다가, 세력을 키워 자립했습니다. 궁예는 송악(지금의 황해도 개성) 지방의 왕건 부자와 중부 지역의 일부 호족들의 도움을 받아 세력을 넓혀 나가다가, 901년 철원에서 고려(후고구려)를 세웠습니다. 궁예는 신라의 왕자였다가 권력 다툼에 희생되어 승려 생활을 하다가 양길의 부하가 됐다고도 합니다.

이리하여 후삼국 시대가 열리게 됐습니다. 후백제니, 후고구려니, 후삼국이니 하는 명칭은 후세에 우리가 붙인 이름이고 당시에는 신라, 백제, 고려의 세 나라로 다시 갈라졌습니다. 여기에 북쪽의 발해까지 합쳐서 '사국 시대'가 된 것입니다.

신라 노예를 구한 장보고

8세기 후반부터 동아시아의 국제 정세는 매우 복잡하게 전개됩니다.

당나라의 중앙 집권적 통치 체제가 무너지면서 각 지방에 절도사가 주도하는 번진 체제가 성립됩니다. 신라에서는 진골 귀족들의 왕권 도전으로 왕위 쟁탈전이 가열되면서 중앙 정부가 대혼란에 휩싸이고 호족이 등장하여 지방분권적 상황이 전개됩니다.

일본도 정치권력이 붕괴되면서 지방 토호 세력들이 각지에서 할거하기 시작합니다. 각국의 중앙권력이 붕괴되자 당나라, 신라, 일본으로 이어지는 해적들의 행패도 더욱 심해졌습니다.

장보고는 일찍이 당나라 서주徐州로 건너가 무령군 소장이 됐으나, 신라에서 잡혀간 노예들의 비참한 처지에 분개하여 귀국했습니다. 당시에는 당나라 정부의 거듭된 금지령에도 불구하고 노예 거래가 성행

했습니다. 특히 '신라노(신라인 노예)'는 중국 연안 곳곳에서 매매되고 있는 실정이었습니다. 장보고는 828년(흥덕왕 3년)에 귀국하여 흥덕왕으로부터 1만의 군사로 해로의 요충지였던 청해에 진을 설치하도록 허락받았습니다.

그런데 진골 출신도 아니었던 장보고가 어떻게 1만 명의 군사를 허락받아 청해진의 대사가 됐을까요? 왕위를 둘러싸고 권력투쟁이 극심한 가운데, 시중(신라 재상)이었던 김우징이 자신과 가족의 안전을 위해 837년 5월 청해진에 와서 장보고에게 의탁한 적이 있습니다. 그가 시중일 때 장보고가 청해진 설치를 흥덕왕으로부터 허락받았기 때문이죠. 김우징은 장보고의 지원을 받아 결국 신무왕이 됩니다. 이런 관계로 보아 장보고와 흥덕왕뿐만 아니라 김우징과 긴밀한 관계에 있었을 것이라고 짐작됩니다. 1만의 군사 역시 당시 신라 정부에서 지원해 줄 수 있는 상황이 아니었으므로, 청해진 주변의 민간인을 군사로 쓸 수 있도록 허락받은 것으로 보아야겠지요.

장보고는 청해 가리포에 성책을 쌓아 항만 시설을 보수하여 전략적 거점을 마련하고, 휘하 수병을 이끌고 서해를 휩쓸던 해적들을 완전 소탕했습니다. 중국, 한국, 일본과 연계된 바다를 신라인들의 터전으로 만들고, 중국의 산동 반도와 우리나라 남부 지역은 물론 일본까지도 일종의 자치 지역처럼 경영하면서 독자적인 무역 사업을 운영했습니다.

장보고의 무역 선단은 중국의 내륙 지방까지 진출해 교역을 했으며, 일본과의 무역도 도맡아 처리했습니다. 장보고는 중국 산동 반도와 경항 대운하 일대에 일찍부터 진출해 있던 고구려, 백제 유민과 신라인, 우리나라 서남쪽 완도 인근의 지역 주민, 백제 유이민과 자연재해로 이주한 신라인들을 모아 대규모 무역 선단을 운영했습니다.

해상왕 장보고의 죽음이 남긴 것

장보고는 우리나라 최초의 수출입 무역 상사의 CEO(최고 경영자)였습니다. 일본에서 중국으로, 또는 중국에서 일본으로 가기 위해서는 장보고의 보호를 받는 것이 필수적이었다고 하니, 그가 서해를 중심으로 동아시아의 바다를 얼마나 완벽하게 장악했는지를 알 수 있습니다.

이 위대한 해상 무역가는 중앙 정부에서 보낸 염장이라는 암살자에 의해 생을 마칩니다. 그가 암살된 표면적 이유는 중앙 정부에 반란을 일으키려고 했기 때문입니다. 장보고가 중앙 정치로 진출하기 위해 자신의 딸을 신무왕의 아들인 문성왕에게 시집보내려고 하다가 군신들의 반대로 좌절됐기 때문에 반란을 일으키려고 했다는 것이죠. 그러나 장보고의 통제 때문에 그동안 노예무역 등을 통해 누리던 이익을 빼앗기게 된 해상 세력가들의 반발도 하나의 이유가 됐습니다. 염장도 그런 해상 세력가 중의 하나로 장보고에게 잡혀서 죽을 뻔했던 인물입니다.

장보고가 암살당한 후 청해진의 '신라 해상 주식회사'는 문을 닫았고 바다의 패권을 다시 중국과 일본에 내주게 됩니다. 장보고는 반역자로 규정되어 역사의 평가도 제대로 받지 못하게 됐지요. 근대가 해양을 장악한 국가들에 의해 개막된 것을 본다면 우리 민족이 바다를 잃게 된 계기였던 장보고의 죽음은 우리 역사의 큰 손실이라고 해야 할 것입니다.

사극에 나오는 인물들은 모두 다 실존 인물인가요?

단군 이후의 주몽, 대조영 같은 사람들은 모두 실존 인물입니다. 사극에 등장하는 인물 중 주인공은 대부분 실존 인물입니다. 다만 조연들과 엑스트라 중에는 실존 인물이 아닌 경우도 있습니다. 텔레비전 드라마나 영화에서는 재미를 위해서 허구로 이야기를 전개하는 경우도 있기 때문입니다.

한동안 책과 드라마, 영화에서 인기를 끌었던 신윤복이 여자였다는 설정이 여기에 해당합니다. 특이하게도 역사적 인물인 주인공을 여자로 가정했습니다만, 신윤복은 분명히 남자였습니다.

✚ 텔레비전 사극 드라마는 역사적 사실을 중심으로 하되 작가의 허구가 가미된 것입니다. 그러므로 사실과 사실이 아닌 것을 가려 보는 현명함이 필요합니다.

역대 왕조의 무역항은 어디였나요?

지금도 무역은 대부분 항구를 통해 이루어집니다. 대량 수송에는 배가 편리하기 때문입니다.

고구려는 대동강을 통해 중국과 교류를 했으나 본격적인 무역 항구는 없었습니다.

백제는 수도가 서해에 가까웠기 때문에 항구를 겸한 경우가 많았습니다. 수도가 한성일 때는 남양만에 있는 당항성 지역을 주로 이용했고, 웅진·사비 천도 이후에는 그 주변을 무역항으로 썼습니다.

신라는 한강 유역을 차지하기 전까지는 변변한 무역 항구가 없다가 한강 유역을 차지한 후 당항성을 이용했고, 통일 이후에는 수도 경주와 가까운 울산을 항구로 많이 이용했습니다. 고려 시대에는 개경이 있었던 예성강 하구의 벽란도가 무역 항구로 유명했습니다.

고려는 무역을 통제하지 않았으므로, 당나라와 일본 상인은 물론 이슬람의 상인들까지도 와서 교류했습니다. 이때 이슬람 상인들이 유럽에 우리나라 이름을 '코리아'로 알렸습니다. 코리아는 '고려'에서 비롯된 것입니다.

조선 시대에는 중국과 우리나라가 무역을 제한하면서 큰 무역 항구가 발달하지 못했습니다. 다만 부산은 일본과 교역을 위한 무역 항구의 역할을 했습니다.

✚ 우리나라는 고대와 중세까지 해양으로 뻗어 나가는 민족이었는데, 조선 시대에 와서 해양과 담쌓은 민족이 됐습니다.

신라 통일 과정에서 나 · 당 전쟁이 일어난 까닭은 무엇인가요?

삼국 시대의 고구려, 백제, 신라는 같은 민족이라는 개념이 없었습니다. 신라 입장에서는 가까이서 자국을 위협하는 고구려, 백제에 대항해 멀리 떨어져 있는 당나라와 연합하는 것이 자연스러웠습니다.

그런데 고구려와 백제를 멸망시킨 후, 당나라는 신라와의 약속을 깨고 신라까지도 정복하려는 야심을 보였습니다. 그래서 신라도 당나라에 대항해 전쟁을 하게 된 것입니다. 나 · 당 전쟁 끝에 신라가 승리를 거두기는 했지만, 옛 고구려 땅을 모두 당나라에 빼앗겨 영토가 축소되고 말았습니다. 그렇지만 발해가 성립되면서 대부분의 고구려 땅을 되찾았기 때문에 우리는 그 시기를 '남북국 시대'라고 부릅니다.

✚ 민족이라는 개념은 고려 시대부터 생긴 것으로 생각됩니다. 그러나 나 · 당 전쟁부터 민족 개념이 생겼다고 보기도 하지요.

고려는 고구려의 뒤를 이은 나라인가요?

고려는 궁예가 세운 후고구려에서 시작됐습니다. 후고구려의 궁예가 강성해지자, 패서(황해도 예성강 서쪽) 지방의 호족들이 궁예에게 모여들었습니다. 그 가운데에 왕건의 아버지였던 왕륭도 있었습니다. 왕륭은 자신의 아들인 왕건을 송악의 성주로 삼아 달라고 청했습니다. 궁예는 그 청을 들어주었습니다. 왕건이 성장할 수 있는 기반이 마련된 것입니다.

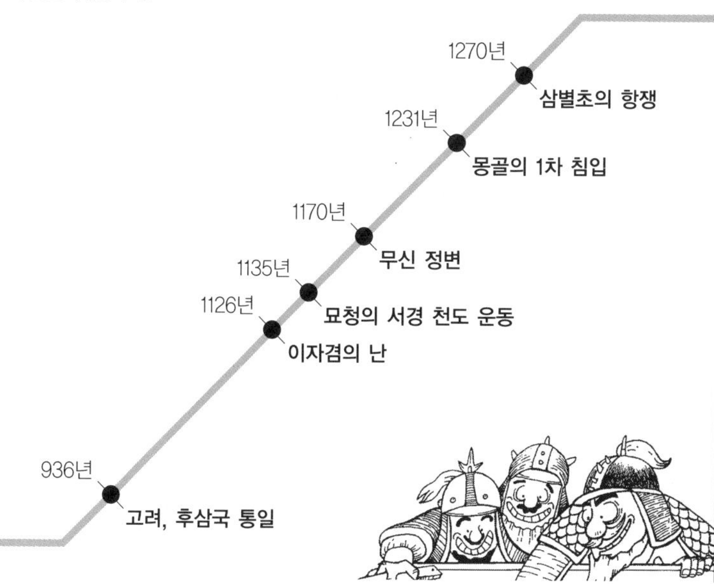

고려는 고구려의 뒤를 이은 나라인가요?

『고려사』 '후비(后妃) 열전'에 의하면 왕건은 6명의 왕후와 23명의 부인을 맞았습니다. 왕건은 왕위에 오르기 전에는 부인이 신혜왕후(神惠王后) 유씨와 장화왕후(莊和王后) 오씨 두 명뿐이었는데, 918년 왕위에 오른 후 적극적으로 혼인 정책을 펼쳐서 많은 부인을 맞이했습니다.

부인들의 출신지를 살펴보면 황해도와 경기도에 12명이 집중되어 있고, 경상도, 충청도, 강원도, 전라도 지역에도 고루 분포되어 있습니다. 후삼국을 통일하기 위한 정략결혼이었지요. 왕건은 29명의 부인에게서 25명의 왕자와 9명의 왕녀를 얻었는데, 그중 두 딸을 신라 경순왕에게 출가시키기도 했습니다. 왕건은 이러한 혼인 정책을 통해 각 지방의 대호족들과의 결합을 굳게 했습니다.

왕건의 연합 전략

고려는 궁예가 세운 후고구려에서 시작됐습니다. 후고구려의 궁예가 강성해지자, 패서(황해도 예성강 서쪽) 지방의 호족들이 궁예에게 모여들었습니다. 그 가운데에 왕건의 아버지였던 왕륭도 있었습니다. 왕륭은 궁예에 맞서기보다는 협력하는 것이 낫다고 생각하고 자진해 신하가 됐습니다. 그러면서 자신의 아들인 왕건을 송악의 성주로 삼아 달라고 청했습니다. 궁예도 왕륭의 집안이 조상 대대로 해상 무역에 종사한 부자 호족이었기 때문에 그 청을 들어주었습니다. 왕건이 성장할 수 있는 기반이 마련된 것입니다.

왕건은 한강 유역을 정복한 후, 수군을 이끌고 바닷길로 나주를 공격해 후백제 한복판에 후고구려의 근거지를 만들었습니다. 이 같은 무공을 바탕으로 왕건은 후고구려의 2인자로 성장했습니다.

후고구려가 발전하면서 궁예가 변하기 시작했습니다. 궁예는 미륵부처를 자처하면서 자기에게 반대하거나 비판하는 사람들을 가차없이 죽이기 시작했습니다. 남의 마음을 읽을 수 있다는 '관심법'이라는 것을 이용해 반대 세력을 처단했고 급기야 부인 강씨와 두 아들까지 죽였습니다.

궁예는 절대적인 권력을 가진 왕이 되려고 했습니다. 호족들을 누르고 강력한 중앙 집권적 국가를 세우려고 한 것입니다. 이에 왕건을 중심으로 한 패서 지방의 호족 세력들이 반발하기 시작했습니다. 궁예는 이들의 반대를 무력화시키기 위해 철원으로 도읍을 옮겼습니다. 부인 강씨를 죽인 것도 그녀가 호족의 딸이었기 때문이었을 것이라고 추측

됩니다.

대부분의 역사 기록은 이긴 측의 기록입니다. 『삼국사기』나 『고려사』에 적혀 있는 왕건과 궁예에 대한 기록도 승리자인 왕건의 입장에서 쓰인 기록입니다. 더욱이 신하였던 왕건이 왕인 궁예를 내몰았으므로 궁예를 정상적인 사람으로 서술하지 않았을 것입니다.

궁예는 신라에 반대하는 정책을 썼습니다. 부석사에 있던 신라 왕의 초상화를 베었다는 기록이 있듯이 궁예는 노골적으로 신라 반대 정책을 썼습니다. 궁예의 이런 점도 『삼국사기』를 쓴 김부식 같은 신라 6두품 출신 귀족들이 궁예를 부정적으로 묘사한 원인이 됐다고 할 수 있습니다.

궁예는 결국 홍유, 배현경, 신숭겸, 복지겸 등 자신에 의해 임명된 최고 장군들에 의해 쫓겨납니다. 군대를 잃은 궁예는 별다른 저항도 해보지 못하고 쫓겨났습니다. 궁예는 산골을 헤매다가 배가 고파 보리 이삭을 몰래 잘라 먹다 백성에게 맞아 죽었다고 합니다.

이런 과정을 거쳐 왕이 된 왕건이었으므로 궁예와는 달리 호족들과의 연합에 공을 많이 들였습니다. 왕건이 29명의 부인을 둔 이유도 여기에 있었습니다.

묘청의 서경 천도 운동

고려가 안정되면서 일부 관리와 지배 계층은 전시과로 받은 토지를 자기 것으로 만들거나 높은 이자를 받는 방식으로 일반 백성의 땅을 빼앗는 등 횡포를 부렸습니다. 백성들은 지배층의 가혹한 수탈과 여진족을 정벌하기 위해 걷는 무거운 세금을 견디지 못하고 고향을 떠나 떠돌았습니다. 이 무렵 "개경은 땅의 힘이 약해져 수도로서 적합하지 않으니 옮겨야 한다"는 풍수지리설까지 퍼지는 등 사회 전반에 위기의식이 널리 퍼졌습니다.

경원 이씨 집안은 왕실과의 거듭된 혼인 관계를 통해 자리 잡은 가장 유력한 귀족 집안이었습니다. 이자겸은 딸들을 예종과 인종의 왕비로 보낸 최고의 권력자였습니다. 이자겸은 왕실로부터 많은 토지를 받은 데다가 백성들의 땅도 많이 빼앗아서 백성들의 원성이 높았습니다. 거기다가 자기에게 아부하는 사람들을 높은 관리에 임명하여 국왕의 자리까지 넘볼 정도로 권력이 막강해졌습니다.

인종은 외할아버지이자 장인인 이자겸을 제거하려다 오히려 이자겸의 반격을 받아 궁궐이 불타는 위기에 처했습니다. 이것을 '이자겸의 난'이라고 합니다. 이자겸에게 죽임을 당할 뻔했던 인종은 신진 세력들의 도움을 받아 위기를 벗어났습니다. 대표적인 신진 세력인 서경(지금의 평양) 출신 정지상은 이자겸의 부하였던 척준경과 이자겸을 이간시켜 이자겸을 제거했습니다. 그리고는 척준경마저 반역죄로 몰아 제거해 이자겸 세력을 소탕했습니다.

이자겸의 난으로 왕실의 권위는 크게 떨어지고, 특정 집안이 정치를 독점하는 현상에 대한 반성의 기운이 일어나게 됐습니다. 또 여진족이 강성해져서 금나라를 세우고 우리나라에 형제의 예를 요구해 왔을 때, 이를 수락한 이자겸의 외교 정책에 대한 불만도 많았습니다. 이런 분위기에서 수도 개경(지금의 개성) 중심의 보수 기득권 세력은 약화되고,

서경 출신의 신진 세력인 정지상과 묘청 같은 인물들이 새로운 정치 세력으로 급부상했습니다.

이자겸의 난을 진압한 공으로 신임을 얻은 정지상과 묘청 등의 서경파는 인종에게 "고려를 황제국이라 하고 독자의 연호를 쓰며, 금나라를 정벌할 것"을 건의했습니다. 이와 동시에 지력이 약화된 개경에서 서경으로 도읍을 옮길 것을 강력하게 주장했습니다. 궁궐도 불타 버리고 개경의 문벌 귀족 세력들에게 진저리가 났던 인종은 이들의 말에 따라 서경에 대화궁을 짓고 도읍을 옮길 준비를 했습니다.

오랜 시간에 걸쳐 형성된 개경의 문벌 귀족들은 천도를 결사반대했습니다. 왕권이 그렇게 강하지 못했던 인종은 결국 서경 천도를 포기하게 됐습니다. 이에 묘청 등 서경파가 서경에서 반란을 일으켰습니다. 나라 이름을 '대위국'이라 하고, 연호를 '천개'라고 하면서 일으킨 이 반란을 '서경 천도 운동'이라고 부릅니다.

서경파가 반란을 일으키자 중앙 정부는 개경파의 대표인 김부식을 사령관으로 중앙군을 편성하고 서경을 공격해 1년여 만에 반란을 진압했습니다. 이로써 신진 세력인 서경파의 서경 천도 운동과 북벌 정책은 실패로 끝나고 개경파의 문벌 귀족들이 다시 권력을 휘어잡는 상황이 됐습니다.

이 사건을 통해 당시 백성이 문벌 귀족 세력들의 정치권력 독점에 크게 반발하고 있었고, 고려인들의 북진 정책 및 자주 의식이 강하게 남아 있었음을 확인할 수 있습니다. 서경파의 반란을 진압하기는 했지만, 문벌 귀족 사회의 모순 또한 적나라하게 드러났습니다. 문제는 문벌 귀족들이 반성하지 않고 계속 권력을 독점하고 사치와 향락을 즐겼다는 것입니다.

차별이 부른 무신들의 반란

이자겸의 난과 서경 천도 운동은 진압됐지만 문벌 귀족의 문신 중심 정치는 여전히 많은 문제점을 가지고 있었습니다. 무신들은 오랫동안 계속되어 온 차별 대우에 많은 불만을 품고 있었습니다.

고려는 무신을 뽑는 무과를 실시하지 않았습니다. 거란을 물리친 강감찬 장군이나, 여진을 물리친 윤관 장군도 모두 문신이었습니다. 무신은 군인 중에서 무공이 뛰어나거나 무술을 잘하면 뽑아 쓰는 형태였습니다. 그래서 무신들은 대부분 출신 집안이 좋지 않았습니다.

심지어는 천민 중에서도 장군이 된 사람이 있었습니다. 그래서 집안이 좋은 문신들은 무신들을 더 업신여기게 됐습니다. 무신들은 아무리 높은 장군이 되어도 3품 관직까지밖에는 올라갈 수 없었고 전시과의 액수도 같은 문신에 비해 적었습니다. 또한 군대를 편성할 때 총사령관에는 강감찬이나 윤관처럼 항상 문신을 기용했습니다. 무신들의 불만이 많을 수밖에 없었지요.

가장 대표적인 예가 김돈중의 만행입니다. 김돈중은 묘청의 서경 천도 운동을 진압한 김부식의 아들이었습니다. 그러니까 최고 명문가 출신이었지요. 당시 왕인 의종은 툭하면 궁궐 밖으로 나가 좌우에 문신들을 거느리고 술을 마시고 시를 읊으며 지내는 유약하고 무능한 인간이었습니다. 무신들은 왕과 문신들 옆에서 제대로 먹지도 못하고 보초를 서야 했습니다.

하루는 의종이 김돈중 등 문신들과 궁중의 귀신 쫓는 의례인 나례 행사에 참석했습니다. 그때 술에 취한 김돈중이 아버지 김부식의 위세만 믿고 보초를 서고 있던 장군 정중부의 수염이 멋있게 생겼다면서 촛불을 갖다 대서 태워 버렸습니다. 의종은 재미있다면서 김돈중을 처벌하지 않고 넘어가 버렸습니다. 무신들이 얼마나 업신여김을 받았는지 알 수 있는 사건이었습니다.

무신들의 불만은 결국 보현원에서 폭발했습니다. 1170년 8월 의종은 신하들을 거느리고 나들이를 나가 흥왕사에서 하룻밤을 자고 보현원으로 향했습니다. 가는 도중 오문이라는 곳에 이르러, 의종은 행차를 멈추고 잔치를 벌였습니다. 의종은 술에 취해 흥을 돋운다고 무신

들에게 오병수박희를 시켰습니다. 오병수박희란 당시 무신들이 즐기던 것으로 태껸과 비슷한데 주로 손을 사용하는 권법이었습니다.

무신들끼리 오병수박희를 하던 중 상장군 이소응이 힘에 부쳐서 기권을 했습니다. 이때 왕의 총애를 받고 있던 한뢰라는 젊은 문신이 많은 사람이 보는 앞에서 이소응의 뺨을 때렸습니다. 갑자기 뺨을 맞은 이소응은 그만 섬돌 아래로 굴러 떨어지고 말았습니다. 왕을 비롯한 문신들은 재미있다고 손뼉을 치며 깔깔 웃었습니다. 반면에 무신들은 너무 화가 났습니다. 무신인 장군 정중부가 화를 내자, 찔끔한 왕은 정중부를 달래면서 그 자리를 마무리했습니다.

일행은 그날 밤 보현원에 도착했습니다. 의종이 보현원에 들어가고 따르던 문신들이 물러 나오자 정중부가 지휘하는 무신들이 문신들을 죽이기 시작했습니다. 정중부는 몇 달 전부터 이의방, 이고와 함께 반란을 일으킬 준비를 하고 있었습니다. 문신들의 횡포를 더 이상 참을 수 없어서 문신들을 쫓아내고 정권을 잡기로 한 것이었습니다.

보현원 앞에는 죽은 문신들의 시체가 산처럼 쌓였습니다. 이어서 무신들은 궁궐을 손에 넣은 후 의종을 거제도로 귀양 보냈습니다. 무신들은 평소에 자신들을 업신여기던 문신들을 제거하고 권력을 잡았습니다. 그 후 약 100여 년 동안 고려는 무신들의 세상이 됐습니다. 이를 무신 정권 시대라고 합니다.

백성의 기대를 저버린 무신들

무신들이 정권을 잡을 수 있었던 것은 백성들과 일반 군사들의 지지가 있었기 때문입니다. 문벌 귀족들 밑에서 백성들은 어려운 생활을 하고 있었습니다. 그래서 백성들도 무신들의 반란을 지지했던 것입니다.

그러나 정권을 잡은 무신들은 백성들의 기대를 저버렸습니다. 무신들은 백성들을 위해서가 아니라 자신들이 권력을 잡기 위해 정변을 일으켰던 것입니다. 문신들이 독차지했던 재물과 권력의 주인만 바뀌었을 뿐, 백성들의 처지에는 아무런 변화도 없었습니다. 무신들은 자기네들끼리 치열하게 권력 다툼을 벌였습니다.

정변의 주역이었던 이고는 이의방에게 죽었고, 이의방은 정중부에게 죽었으며, 정중부는 새로운 무신 세력인 젊은 무신 경대승에게 죽었습니다. 경대승이 서른 살에 병들어 죽자, 천민 출신의 이의민이 정권을 잡았습니다. 이의민은 경주 출신의 천민이었는데 군인이 됐다가 출세해서 무신이 됐습니다. 그는 정중부의 명령으로 의종을 가마솥에 넣어 연못에 빠뜨려 죽인 후 급속도로 출세한 인물이었습니다. 이렇게 되자 왕은 무신들의 눈치나 보면서 죽지 않는 것만을 고마워하게 됐습니다.

이의민이 워낙 독재를 심하게 하자, 그를 제거하고 등장한 인물이 최충헌입니다. 최충헌이 정권을 잡은 후 약 60여 년 동안 아들 최우, 최우의 아들 최항, 최항의 아들 최의가 대를 물려가면서 권력을 휘둘렀습니다. 최씨 정권은 다섯 명이나 왕을 갈아 치우면서 정권을 장악했습니다. 최충헌 집안이 다른 무신들과 달리 오랫동안 정권을 잡은 이유는 문신을 적절하게 등용해 정치권력을 안정시키고, 반대파는 무자비하게 없애 버렸기 때문입니다.

한동안 역사학계에서는 문신들의 부패 및 무능으로 일어난 사건인 무신 정변을 긍정적으로 해석하는 경향이 많았습니다. 무신 정변이 일어나게 된 배경을 보면 긍정적으로 볼 수도 있습니다. 그러나 무신 정권이 행한 일들은 결코 정상적인 정치 형태가 아니었습니다. 무신 정권은 무신들이 쿠데타를 통해 집권한 정권이었을 뿐, 민중과 소외된 계층을 위한 정권은 아니었던 것입니다. 그러므로 무신 정권을 평가함에 있어서 5 · 16 군사 '정변'을 5 · 16 군사 '혁명'으로 미화하는 식의 역사 왜곡을 범해서는 안 될 것입니다.

삼별초와 대몽 항쟁

13세기 초 오랫동안 부족 단위로 유목 생활을 하던 몽골족은 금나라를 공격해 북중국을 차지하고 고려에도 침략의 손길을 뻗쳐 왔습니다.

몽골군은 고려에 왔던 몽골 사신 일행이 귀국 길에 국경 지대에서 피살된 것을 구실로 우리나라에 쳐들어왔습니다. 몽골이 항복을 요구해 오자 고려 조정은 두 파로 나누어졌습니다.

무신들은 항복하면 몽골에게 처벌받을 것을 두려워해 반대했고, 문신들은 이 기회에 무신들을 제거하고 왕과 문신의 권한을 되찾기 위해 찬성했습니다. 그 와중에 최씨 집안의 마지막 권력자 최의가 피살당하면서 강화가 이루어졌습니다. 결국 무신 정권의 마지막 권력자였던 임유무가 피살되면서 강화도로 피난 갔던 고려 조정도 개경으로 돌아왔습니다. 이후 고려는 원에 의해 간섭받는 체제가 됐습니다.

삼별초는 무신 정권이 무너진 뒤에도 배중손을 중심으로 진도와 제주도로 옮겨 가면서 몽골군에 대항해 싸웠습니다. 삼별초의 대몽골 항쟁은 고려인의 자주정신을 보여주었다는 역사적 의의가 있습니다.

삼별초는 원래 최씨 무신 정권의 군사 조직이었습니다. 삼별초는 최우가 만든 군대로 지금의 경찰처럼 도적을 잡겠다고 만든 특별 군대인 야별초에서 시작됐습니다. 야별초의 수가 늘어나자 다시 좌 · 우별초로 나누었고, 몽골에 잡혀갔다가 도망 온 사람들로 신의군을 만들었는데 이들을 모두 합쳐 '삼별초'라고 했습니다. 그런데 삼별초가 잡아야 했던 도적이란 생활고에 쫓겨 봉기를 일으킨 농민들이 대부분이었습니다. 무신 정권에서는 봉기한 농민과 천민들을 '도적' 또는 '초적'이라고 불렀습니다. 그러니까 삼별초는 봉기한 농민들을 진압하기 위해 만든 최씨 무신 정권의 별동대였던 셈입니다.

무신 정권은 이 삼별초를 후하게 대우했습니다. 어려운 재정 상황에서도 봉급을 후하게 주었고, 많은 혜택을 주었습니다. 이것이 이들이 끝까지 무신 정권을 유지하기 위해 싸웠던 이유 중의 하나입니다. 삼별초의 항쟁은 이렇듯 처음에는 민족의식이나 자주정신과는 상관없이 시작됐습니다.

몽골에 항복한 후 백성들의 삶은 더 힘들고 고달파졌습니다. 그래서 백성들은 몽골에 대항하는 삼별초를 지지하게 됐습니다. 삼별초가 진도와 제주도로까지 옮겨가면서 끈질기게 고려 · 몽골 연합군에 저항할 수 있었던 것도 백성들의 지지가 있었기 때문이었습니다.

삼별초의 대몽 항쟁을 얘기할 때는 삼별초 자체의 투쟁과 그들을 뒤에서 도와주었던 백성들의 역할을 함께 얘기해야 합니다. 삼별초가 처음에는 백성들과 관계없이 움직였지만 나중에는 백성들과 함께 대몽 항쟁을 하게 된 과정도 같이 생각해 보아야 하는 것입니다.

원나라의 사위국이 된 고려

몽골과의 강화 이후 원나라의 간섭으로 고려는 자주성을 상실했습니다. 40여 년 넘게 몽골에 대항해 버틴 것은 세계사적으로 드문 일이기는 했지만, 강화를 함으로써 고려는 전쟁에서 졌습니다. 항복의 대가는 쓰라렸습니다.

고려는 원나라의 사위국, 즉 부마국이라고 불렸지만 실질적으로는 원나라의 속국에 가까웠습니다.

왕실의 호칭과 격이 한 단계 낮아졌고, 관제나 격식도 낮아졌습니다. 예를 들어 중서문하성과 상서성이 합쳐져 첨의부가 됐는데, '성'보다는 '부'가 한 등급 낮은 관제였습니다. 중추원도 밀직사라는 한 단계 낮은 형태로 격하됐습니다. 임금이 되기 위해서는 태자 때부터 원나라에 가서 머물다가 몽골 공주와 결혼해야 했습니다. 원은 고려 내정을 간섭하기 위해 일본 원정 때 설치한 정동행성, 군사 기구인 만호부, 감찰관인 다루가치 등을 두었습니다.

그러나 머지않아 고려가 원나라 간섭에서 벗어날 기회가 왔습니다. 원나라가 중국 한족들의 반란으로 혼란에 빠지기 시작했기 때문입니다. 마침 고려에는 공민왕이 원나라로부터 돌아오게 됐습니다. 공민왕의 부인은 노국대장공주였는데, 다른 원나라 공주들과는 달리 남편 공민왕의 개혁 정치를 적극적으로 도왔습니다. 원나라 공주임을 내세우지도 않았고, 고려 백성에게 함부로 공물을 거둬들이지도 않았습니다. 공민왕이 원나라의 간섭에서 벗어나려 하자 반대하지 않고 오히려 도우려고 했습니다.

공민왕의 개혁 정치

공민왕이 노국대장공주를 데리고 10년 만에 돌아와 왕위에 오르자, 이연종이라는 신하가 원나라풍의 변발과 호복을 벗으라고 상소를 올렸습니다. 이 말에 공민왕은 즉시 변발을 풀고, 호복을 벗은 다음 이연종에게 상을 내리고 개혁 정치를 시작했습니다. 공민왕이 추진한 개혁 정치의 핵심은 원나라의 간섭에서 벗어나 자주와 독립을 되찾고, 왕권을 강화하는 것이었습니다.

공민왕은 정동행성을 폐지하고, 쌍성총관부를 공격해 철령 이북의 땅을 되찾았습니다. 관제를 복구하고, 몽골식의 생활 풍습도 금지했습니다. 그리고 원나라에 붙어서 위세를 부리던 부원배附元輩, 즉 친원파를 쫓아냈습니다.

공민왕이 쫓아낸 핵심 인물이 바로 기철과 그 집안사람들입니다. 기철은 공녀로 끌려간 누이동생이 원나라 황제인 순제의 눈에 들어서 황후가 된 것을 배경으로 횡포를 일삼던 인물이었습니다. 공녀란 원나라가 1년에 몇 번씩 뽑아서 데려가는 처녀들을 일컫는 말입니다. 강제로 끌려간 공녀들은 대부분 하녀가 되어 불행한 삶을 살아야 했습니다. 기황후는 아주 특별한 경우입니다. 공녀로 끌려간 기철의 누이동생은 궁궐에서 차 따르는 궁녀가 된 후 예쁜 생김새와 재치로 원나라 황제의 마음을 사로잡았습니다. 그래서 순식간에 제2 황후가 됐습니다. 황후는 몽골 여인만이 될 수 있다는 원칙에도 불구하고 황후가 됐으니, 생김새만 예쁜 것이 아니라 지혜도 많았을 것입니다.

기황후는 자신의 아들을 태자로 삼고 엄청난 권력을 휘둘렀습니다. 기황후의 아버지 기자오는 고려의 하급관리였는데, 벼락출세를 하게 됐고, 오빠 기철도 누이동생을 배경으로 온갖 횡포를 부려서 백성의 원성을 불러 일으켰습니다.

기씨 집안의 영화도 영원하지 못했습니다. 원나라가 새로 일어난 한족 왕조인 명나라에 밀려서 몽골 초원으로 쫓겨 가는 상황이었기 때문입니다. 그래서 공민왕은 마음 놓고 기씨 집안을 쫓아낼 수 있었습니다.

전민변정도감과 신돈

기씨 일파를 처단한 공민왕은 권문세족과는 아무 관련이 없는 신돈을 등용해 개혁을 추진했습니다. 신돈은 보잘것없는 집안 출신이었기 때문에 권문세족을 견제하는 데 안성맞춤이었습니다.

신돈은 권문세족을 누르기 위해 전민변정도감을 설치했습니다. 전민변정도감은 권문세족이 불법적으로 수탈한 농장을 농민들에게 돌려주고, 농장의 노비가 된 억울한 농민들을 다시 양인으로 해방시켜 주었습니다. 공민왕과 신돈이 실시한 개혁 정치는 백성들의 큰 환영을 받았습니다. 신돈은 백성들로부터 성인聖人으로 추앙받을 정도였습니다. 그러자 권문세족들은 신돈이 반역을 꾀한다는 음모를 꾸며 처형했습니다.

그런데 공민왕은 왜 자신의 개혁 정치를 도맡아 해준 신돈을 보호하지 않았을까요? 그것은 신돈의 인기가 너무 높아졌기 때문입니다. 왕

권을 강화하려던 공민왕의 입장에서는 권문세족도 문제지만, 신돈의 권력이 자신을 넘어서는 것도 용납할 수 없었던 것입니다.

정치의 세계는 비정합니다. 얼마 되지 않아 공민왕도 권문세족의 사주를 받은 환관에게 암살당하고 말았습니다. 이로써 공민왕의 개혁 정치도 실패로 끝나고 말았습니다. 그와 함께 고려의 운명도 내리막길을 걷기 시작했습니다.

돈은 언제부터 쓰기 시작했나요?

물건을 교환하는 데 사용하는 것을 돈이라 한다면, 돈은 선사 시대부터 썼다고 할 수 있습니다. 처음에는 돈이 없어서 물물 교환을 했지만 서로 물건을 맞바꿀 수 없는 상황이 되면서 중간 매개체로 돈이라는 것이 나타나게 된 것입니다. 지역에 따라서는 돌이라든가 조개껍데기 같은 물건들을 돈으로 사용했습니다. 이것들을 물품 화폐라고 합니다.

시간이 흐르면서 가장 기본이 되는 물품인 곡식, 베 등이 물품 화폐로 사용됩니다. 그런데 거래 규모가 커지면서 물품 화폐도 불편하게 됐습니다. 그래서 가벼우면서도 가치가 더 있는 금속 화폐가 등장했습니다. 금화, 은화, 동전이 그것입니다. 금화와 은화는 많지 않아서 큰 규모의 거래에만 사용했고 일반적으로는 동전을 사용했습니다. 그런데 이것도 불편해서 더욱 편리한 종이돈이 나오게 된 것입니다.

처음에는 환이나 어음이라고 해서 대상인들이 대금을 지불해 준다고 약속한 종이돈이 나왔는데, 이후 은행이 생기면서 종이돈이 많아지게 되었습니다. 현대에 들어와서는 편의성을 극대화하기 위해 카드 같은 신용 화폐가 등장하게 됐고 요즘에는 카드에 IC 회로를 넣은 전자 화폐를 사용해 도용의 위험을 원천적으로 제거하고 있습니다. 앞으로는 또 어떤 화폐가 등장할지 궁금합니다.

우리나라에서 최초로 사용한 금속 화폐는 고려 성종 때 쇠로 만든 철전 건원중보(乾元重寶)입니다. 그 후로 고려 숙종 때 삼한통보(三韓通寶), 해동통보(海東通寶), 해동중보(海東重寶) 등의 동전과 활구라는 은전이 만들어졌고, 조선 시대에는 동전인 조선통보와 지폐인 저화(楮貨)가 만들어졌습니다.

조선 후기에 들어와 상공업이 발달하면서 등장한 동전인 상평통보(常平通寶)는 아주 많이 사용됐습니다. 근대적 화폐는 조선 후기 고종 때 전환국이 생기면서 만들어졌습니다. 지금은 한국은행이 돈을 만드는 일을 맡고 있습니다.

✚ 상품 화폐 경제가 발달하고 거래 규모가 커질수록 화폐는 더욱 간편해집니다.

왕과 신하, 어느 쪽이 강해야 나라가 안정되나요?

우리나라뿐만 아니라 모든 전제주의 국가에서는 왕의 말이 곧 법이었습니다. 그들은 또한 무력을 장악하고 있었습니다. 그러나 이런 국가들도 최소한의 제한 장치는 만들어 놓았습니다. 우리나라나 중국에는 대간 제도가 있었습니다. 사간원, 사헌부, 홍문관의 3사가 그런 기능을 담당했습니다. 이들은 왕이 전제적 힘을 함부로 쓰지 못하도록 견제하는 역할을 했습니다.

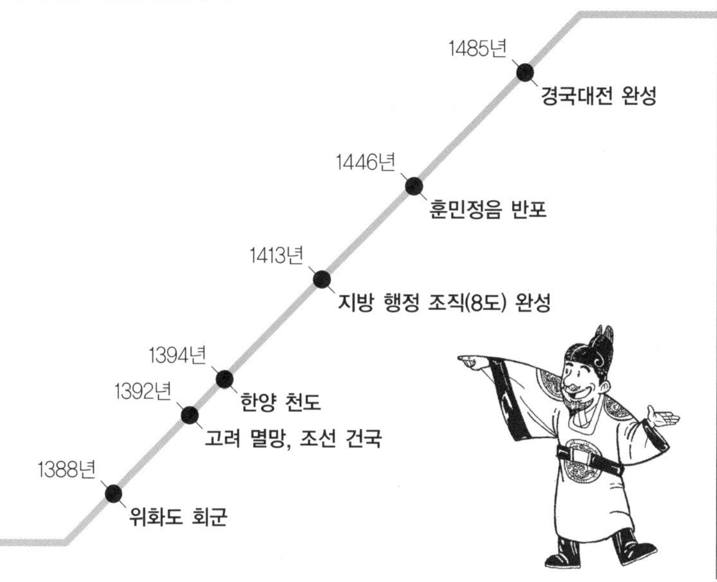

왕과 신하, 어느 쪽이 강해야 나라가 안정되나요?

공민왕의 개혁 정치가 실패하면서 고려 사회의 모순은 더욱 심화됐습니다. 권문세족들이 정치권력을 독차지하고 대토지 소유를 늘려 가는 바람에 국가 기강은 무너지고 백성의 생활은 극도로 피폐해졌습니다. 설상가상으로 북쪽에서는 중국의 한족 도적 떼인 홍건적이 침입해 와서 공민왕 때는 복주(지금의 경상북도 안동)까지 쫓겨 가기도 했습니다. 남쪽에서는 일본 해적인 왜구들의 노략질이 계속되어 해안 지방에 사는 백성을 찾아볼 수 없을 정도였습니다.

조선 건국, 사대부와 이성계

이런 내우외환의 위기 속에서 새롭게 두 세력이 등장합니다. 먼저 국가적 위기를 구한 무인 세력이 등장합니다. 최영과 이성계가 그들입니다. 이들은 홍건적과 왜구를 토벌하는 과정에서 큰 전과를 올려 국민의 신망을 얻었습니다.

최영은 권문세족 출신이기는 했지만, 대대로 청렴한 집안의 무신으로 젊은 무인들의 신망이 높았습니다. 여러분도 들어 보았지요? "황금 보기를 돌같이 하라." 바로 이 격언이 최영의 아버지가 최영에게 남긴 유언이었습니다.

이성계는 신진 무인 세력의 대표적인 인물입니다. 이성계의 집안은 무신 정변 시대에 함흥으로 도망가서 정착했습니다. 당시 함흥 지역은 여진족들이 거주하던 지역으로 원나라와의 관계도 나쁘지 않았습니다. 이성계 집안은 천호라고 하는 원나라 군사 직을 맡아 고려 정부를 감시하고 견제하는 임무를 맡았던 부원 세력이었습니다. 그런데 원나라가 쇠퇴하자 이성계의 아버지 이자춘이 고려 공민왕의 편을 들어 신진 무인 세력으로 떠오르게 된 것입니다.

이성계는 함흥 지역의 여진족 세력을 바탕으로 무인 세력의 한 축을 담당하면서 엄청난 기세로 성장했습니다. 홍건적의 침입으로 개경이 함락되자, 사병 2000여 명을 거느리고 수도 탈환전에 참가하여 제일 먼저 입성하는 전공을 세웠고, 원나라의 나하추가 함경도 홍원으로 침입하자 함흥평야에서 이를 격파했습니다. 원나라 연경에 있던 최유가 충숙왕의 아우 덕흥군을 추대하고 1만 명의 군대를 몰아 평안도로 침입하여 공민왕을 폐하려 하자, 최영과 함께 이들을 달천강에서 대파했습니다. 왜구가 개경을 위협할 때에는 서강부원수로서 이를 격퇴했습니다.

그 후 양광 · 전라 · 경상도 도순찰사가 되어 운봉에서 왜구를 소탕했고, 여진족 추장 출신인 부하 이지란과 함께 함경도에 침입한 호바투의 군대를 길주에서 대파했습니다. 또한 함경도 함주에 침입한 왜구를 격파했습니다. 이런 전공 때문에 신흥 무인 세력인 이성계는 고려 말 정부에서 중요한 직책을 맡게 됐습니다.

신진 사대부의 등장, 정몽주와 정도전

이와 더불어 또 하나의 새로운 세력인 신진 사대부가 등장했습니다. 신진 사대부는 이전의 지배층인 권문세족이 훈고학을 붙잡고 있는 사이에 성리학(113쪽 참조)을 받아들여 개혁을 하고자 했던 세력입니다. 성리학은 종래 글자의 해석에 힘쓰던 훈고학이나 글 짓는 것 중심의 유학과는 달리, 인간의 심성과 우주의 원리 문제를 철학적으로 연구하는 개혁적 신유학이었습니다.

고려에 성리학을 처음 소개한 사람은 충렬왕 때 안향이었습니다. 뒤를 이어 이제현이 원나라에 설립된 만권당에서 성리학을 연구하고 돌아와서 고려에 성리학을 전파했습니다. 이색, 정몽주, 정도전 등이 대표적인 제자였습니다.

성리학을 수용한 사람들은 대부분 권문세족이 아닌 새로운 지식인이었습니다. 경제적으로는 지방의 중소 지주층이었고, 신분적으로는 지방 향리층이 대부분이었습니다. 이들은 권문세족들의 전횡과 부정부패의 모순을 시정하기 위한 개혁 사상으로 성리학을 받아들였습니다. 이들은 현실 사회의 개혁을 위해서 일상생활과 관련된 실천적 기능을 중시했습니다. 특히 성리학적 이상 국가를 건설하기 위해 고려 시대의 중심 사상이었던 불교를 적극적으로 비판했습니다.

우왕 때 이르러 권문세족들의 토지겸병이 확대되면서 신흥 무인과 사대부 세력들의 재산까지도 불안하게 되자, 신진 사대부들은 최영과 이성계를 지원하여 권문세족인 이인임 일파를 축출했습니다. 이를 계기로 권문세족보다는 최영과 손잡은 신진 사대부들의 권력이 강화됐습니다. 그러나 얼마 후 최영과 신진 사대부들은 갈라서게 됩니다. 중국의 신진 국가인 명나라가 철령 이북의 땅을 내놓으라고 강요했는데 이에 대한 대응 방법이 달랐기 때문이었습니다.

최영과 권문세족들은 명나라의 강요가 자주성을 침해한다고 하면서 요동 정벌을 주장했습니다. 반면에 이성계와 신진 사대부들은 새로 등장하는 강력한 국가인 명나라와 대립하는 것이 능사가 아니라는 입장이었습니다. 결국 신진 사대부 세력과 연합한 이성계는 요동 정벌을 단행한 최영에 대항하여 압록강의 위화도에서 회군(1388년)해 정권을 잡았습니다. 이성계는 신진 사대부들의 지원을 받아 최영을 제거하고, 군사적 실권을 장악하여 본격적인 개혁의 기틀을 마련했습니다.

전제 개혁을 앞두고 신진 사대부들은 다시 두 세력으로 나뉘게 됐습니다. 새로운 조선 왕조의 건국을 주장하는 급진 개혁파 사대부 세력과 고려 왕조를 유지하면서 개혁을 하자는 온건 개혁파 사대부 세력으로 나뉘게 된 것이지요. 이 두 세력은 조선 시대 훈구파와 사림파의 모태가 됩니다.

이성계를 중심으로 모인 급진 개혁파 사대부 세력은 우왕과 창왕을 잇달아 폐위시키고 공양왕을 세운 후 전제 개혁을 단행하여 과전법을 실시했습니다. 이로 인해 권문세족은 완전히 몰락했습니다, 급진 개혁파 사대부들의 세상이 된 것입니다. 이들은 결국 고려를 멸망시키고 이성계를 내세워 조선을 건국하고 한양으로 도읍을 옮겼습니다(1394년).

성리학

공자가 세우고 맹자가 발전시킨 유교는 인(仁)을 최고 이념으로 삼고 "수신(修身), 제가(齊家), 치국(治國), 평천하(平天下)"의 실현을 목표로 한 윤리학, 정치학이자 국가 경영 방략이었습니다. 극도의 혼란기인 춘추 시대 말에 노나라에서 태어난 공자는 제자들과 더불어 15년간 천하를 돌아다니며 '왕도론(王道論)'을 펼쳤으나 뜻을 이루지 못했습니다.

고향으로 돌아온 공자는 제자들을 가르치는 한편, 『시(詩)』와 『서(書)』를 정리하고 역사책 『춘추(春秋)』를 저술해 그의 사상을 널리 알리는 데 힘썼습니다. 『논어』는 공자가 죽은 후 그의 제자들이 수집·편찬한 공자의 언행록입니다. 『논어』를 보면 공자는 인간 내면에 존재하는 도덕성과 측은지심(惻隱之心)에 주목해 인을 몸으로 체득한 군자를 키우고 이 군자로 하여금 세상을 다스리게 하는 '왕도정치'를 지향했음을 알 수 있습니다.

맹자는 공자가 제창한 '인'의 실천을 강조해 '의(義)'를 중시했습니다.

맹자는 '의'를 행하는 것은 선한 본성에서 우러나오는 '덕치(德治)'를 행하는 것이라고 생각했습니다. 더 나아가 맹자는 '의'에 부합하지 않는 폭군의 통치는 천심을 잃은 것이기 때문에 뒤집어엎어야 한다고 주장했습니다. '역성혁명론(易姓革命論)'이 그것입니다. 맹자의 '역성혁명론'은 이후 왕조의 교체기나 정변 때마다 유학자들의 집단 행동의 근거로 활용됐습니다.

조선 시대 지배 이념이었던 성리학은 유교의 한 지파입니다. 성리학은 남송 시대 주희에 의해 체계가 정립됐습니다. 주희는 세계를 '이'와 '기'의 운동으로 설명합니다. 만물생성의 근원이 되는 정신적 실체인 '이(理)', 즉 태극(太極), 천리(天理)가 만물의 존재 근거이고, 이 '이'에 근거해 움직이는 '기(氣)'가 모이고 흩어짐에 따라 우주 만물이 생성되고 차별성과 등급성을 갖게 된다고 설명했습니다.

주희는 이 같은 명분론적 질서를 합리화하고 이에 맞게 사는 것이 모든 인간의 도덕적 의무라고 주장했습니다. 인간이 명분론적 질서에 맞게 살기 위해서는 때 묻고 탁해진 본성을 회복해야 합니다.

인간의 본성, 즉 인간 본체의 덕은 "재에 파묻힌 불씨, 진흙에 덮인 구슬, 먼지에 뒤덮인 거울"처럼 때 묻고 가려지고 더럽혀져도 본래의 가치를 잃어버리는 법이 없습니다. 이 "마음의 빛을 가리고 있는 어둠을 벗겨 내는 것"이 곧 공부입니다. 공부를 통해 어둠에서 벗어난 사람이 곧 군자입니다. 조선의 성리학은 바로 이 같은 '주희의 유학', 즉 주자학을 받아들인 것입니다.

조선의 전성기였던 세종 시대

조선이 건국된 후에도 정치적 혼란은 계속됐습니다. 대표적인 것이 이방원이 주도한 '왕자의 난'입니다. 정도전 등 개국 공신들을 제거하고 왕위에 오른 태종(이방원)은 왕권을 안정시키고 국가 기반을 굳건히

하기 위해 여러 가지 개혁 정책을 시행했습니다. 사병私兵을 모두 없애고 군사권을 장악하여 신하들이 왕권을 넘보지 못하게 했습니다. 호패법을 실시해 전국의 인구 동태를 파악하여 세금 징수와 군역軍役 부과에 활용했습니다.

태종은 6조(이 · 호 · 예 · 병 · 형 · 공조) 직계제를 실시했습니다. 이것은 6조의 책임자(판서)들이 의정부의 재상들을 거치지 않고 직접 왕에게 정책을 보고하고 허락받는 제도입니다. 재상들의 권한을 대폭 약화시키고 왕권을 강화하기 위한 것이었지요. 이와 동시에 언론 기관인 사간원을 의정부에서 독립시켜 대신大臣들을 견제했습니다.

이러한 제도적 정비가 이루어진 후 왕위에 오른 세종은 안정된 왕권과 경제력을 기반으로 왕도 정치의 실현에 몰두했습니다. 세종은 의정부 재상들에게 정치적 책임을 넘겨주는 의정부 서사제로 정치 형태를 변경했습니다.

왜냐하면 더 이상 왕권에 도전하는 신하 세력이 없었기 때문에 마음 놓고 훌륭한 재상들을 등용할 수 있게 된 것입니다. 그러나 군사권과 인사권만은 의정부에 넘겨주지 않고 자신이 가지고 있었습니다. 권력을 유지하기 위해서는 군사권과 인사권이 가장 중요한 권한이었기 때문입니다.

아울러 국가의 행사를 오례(五禮-제사 의식인 길례, 관례와 혼례 등의 가례, 사신 접대 의례인 빈례, 군사 의식에 해당하는 군례, 상례 의식인 흉례의 다섯 가지 예법)에 따라 유교식으로 거행했고, 사대부들에게도 주자가례朱子家禮의 시행을 장려해서 유교 윤리가 사회 윤리로 자리 잡도록 노력했습니다.

궁중 안에 정책 및 학술 연구 기관인 집현전을 설치하여 집현전 학사들을 일반 관리들보다 우대했습니다. 그 외에도 측우기 같은 과학 기구를 많이 만들어서 백성들의 생활에 직접 도움을 주었습니다. 세종은 유교적 민본주의를 실현하려고 한 왕으로서 많은 업적을 남겼기 때문에 지금까지 성군으로 추앙받고 있습니다.

세종은 1418년부터 32년간 왕의 자리에 있었습니다. 세종은 재위 기간 중 국방, 과학, 경제, 문화 등 모든 분야에 걸쳐 뛰어난 업적을 남겼습니다. 세종은 인사와 군사에 관한 일을 제외한 나머지 국가 사무를 황희, 맹사성 같은 유능한 재상들에게 일임해 이들이 권한과 책임을 갖고 일하도록 배려했습니다. 조세 제도 개혁 같은 국가적으로 중요한 일을 결정함에 있어서는 국민의 의견과 관료들의 의견을 두루 듣고 오랜 시간 토론을 해 공론을 이끌어 냈습니다. 조세 제도 개혁에는

17년이라는 기나긴 토론 시간을 들였습니다. 그랬기 때문에 처음에는 반대했던 사람들도 세종이 내린 결정에 전부 따르게 됐습니다.

세종의 공론 정치는 신분을 막론하고 우리 국민 전체를 국가적 과제에 참여시켜 우리 민족의 잠재력을 최대한 발휘하게 했습니다. 과학기술의 발전과 한글 창제 같은 세계사적으로도 획기적인 성과는 이 같은 공론 정치가 있었기에 가능했습니다.

세종은 국방에도 전력을 다해 김종서, 최윤덕으로 하여금 6진과 4군을 개척하게 해 지금의 압록강, 두만강으로 이어지는 한반도의 국경을 획정 지었습니다. 거듭되는 왜구의 침입을 발본색원하기 위해 이종무로 하여금 왜구의 근거지인 대마도를 토벌케 해 항복을 받았습니다.

세종은 가뭄이 들어 흉년이 오면 흉년이 끝날 때까지 몸소 궁궐 안에 움막을 짓고 거적 위에서 생활했습니다. 국민의 어려움과 함께하겠다는 의지의 표현이었습니다. 어릴 때부터 책을 오랫동안 읽어 눈이 나빠진 데다 무리하게 국정을 돌본 탓에 세종은 중풍, 안질 같은 각종 질병에 시달렸습니다. 그런 중에도 정무에서 손을 놓지 않고 32년간 재위했습니다. 세종 시대는 세종의 뛰어난 지도력과 헌신적인 노력으로 양반, 천인 할 것 없이 모두 각 분야에서 능력을 발휘해 우리나라 역사상 가장 번영을 누린 시대로 기록되고 있습니다.

세종이 죽고 병약한 문종이 즉위했다가 일찍 죽는 바람에 나이 어린 단종이 즉위하자 왕권이 다시 약해졌습니다. 특히 의정부 서사제가 강화되어 김종서나 황보인 같은 재상들에게 권력이 집중됐습니다. 이를 왕권 약화라고 보았던 수양대군이 정변을 일으켜서 세조가 됐습니다. 이 과정에서 성삼문 등 집현전 학사들이 수양대군에 반대하다 죽는 '사육신 사건'이 발생하기도 했습니다.

세조는 강력한 왕권을 행사하기 위해 통치 체제를 다시 6조 직계제로 고치고, 자신의 활동을 견제하던 집현전을 없애 버렸습니다. 왕과 신하가 정책을 논의하고 유교 공부를 하던 '경연'이라는 제도도 폐지하고, 자신을 도와준 종친들을 주요 관직에 등용하기도 했습니다. 또 나라의 재정 수입을 늘리기 위해 전직 관료에게는 토지를 지급하지 않고 현직 관료에게만 지급하는 직전법으로 토지 제도를 바꾸었습니다.

새 나라의 새로운 법, 경국대전

성종은 건국 이후 계속되어 오던 문물제도 정비 작업을 완료했습니다. 조선의 기본 법전인 『경국대전』 편찬을 마무리하여 반포함으로써,

조선 사회의 기본 통치 방향과 이념을 제시하고 500년 조선 왕조의 기틀을 마련했습니다. 또한 집현전의 기능을 계승한 홍문관을 설치하여 관원 모두에게 왕의 공부 시간인 경연經筵에 참여하게 해 학문 연구뿐 아니라, 정책을 토론하고 심의하는 중요한 자리가 되게 했습니다.

"새 술은 새 부대에 담는다"는 말처럼 나라가 바뀌면 법을 바꾸는 것이 일반적입니다. 조선도 건국과 동시에 새로운 법전 편찬 작업에 착수했습니다. 그렇다고 그때까지 있던 모든 법을 전부 무시하고 완전히 새로운 법을 만든 것은 아닙니다. 나라는 바뀌었어도 국민의 생활과 생각마저 바뀐 것은 아니기 때문입니다.

조선의 창업기가 끝난 세조 대에 새 법전 편찬 작업이 본격적으로 시작됐습니다. 세조 대에 시작된 새 법전 편찬 작업은 예종을 거쳐 성종 대에 이르러 1차 완성됩니다. 이때 완성된 새 법전을 『경국대전』이라

고 합니다. 이렇게 만들어진 『경국대전』은 1485년부터 시행됐습니다.

그 후로도 조선의 왕들은 지속적으로 법전 개정 작업을 했습니다. 왜냐하면 현실은 계속 발전하기 마련이므로 법전과 맞지 않는 부분이 계속 생겼기 때문입니다. 이렇게 부분적 개정 · 보완 작업은 지속적으로 있었지만 『경국대전』의 기본 틀은 지켜졌습니다. 『경국대전』은 지금의 헌법처럼 조선 시대 최고 법전의 지위를 유지했던 것입니다.

『경국대전』은 조선의 정부 체제인 6전 체제에 따라 구성됐으며 각 전마다 14~61개 항목으로 이루어져 있습니다. 그 내용은 각 전에서 집행해야 할 국가 사무에 대한 규칙과 원칙을 정해 놓은 것입니다. 여기서도 알 수 있듯이 『경국대전』은 국왕을 정점으로 하는 조선 왕조의 중앙 집권적 관료제를 뒷받침하는 통치 규범 역할을 했습니다. 조선 왕조가 성종 때 확고하게 자리잡았다고 평가받는 이유는 이 시기에 『경국대전』이 완성되었기 때문입니다.

사림파와 훈구파의 대립

'사림士林' 이란 무엇일까요? 사림은 고려 말기 왕씨에서 이씨로 왕조를 바꾸는 역성혁명易姓革命에 반대하면서 시골로 숨어 버렸던 온건 개혁파 신진 사대부들의 제자들입니다.

이들은 조선의 정치와 문물제도가 안정되는 16세기를 전후해 과거 시험을 통해 다시 중앙 정치 무대에 진출하기 시작했습니다. 왜 이때서야 사림들이 중앙 정치 무대에 등장했을까요? 100여 년의 시간이 흘러가면서 불사이군(不事二君, 두 임금을 모시지 않음)을 외쳤던 고려 말기의 사

대부와는 다르게 중앙 정치에 참여하려는 사대부들이 등장하게 됐기 때문입니다. 사림의 정계 진출은 훈구파의 부정부패에 대항하기 위한 자구책이기도 했습니다. 관료가 되어야만 훈구파들의 부정부패를 막을 수 있었기 때문이었습니다.

역성혁명에 참여한 혁명파(급진 개혁파) 사대부들을 '훈구파'라고 부르는데, 본격적으로 훈구파가 형성된 것은 세조 때부터였습니다. 어린 조카인 단종을 쫓아내고 왕위를 빼앗은 수양대군이 자신을 도와준 사람들을 공신으로 책봉하고 많은 토지와 노비를 하사하면서 훈구파 세력이 형성되기 시작한 것입니다. 이전에도 이런 세력이 없었던 것은 아니지만, 훈구파가 더 많은 재물과 권력을 잡기 위해 부정부패도 서슴지 않는 세력으로 떠오른 것은 이때부터였습니다.

사림은 성종 때를 전후해 훈구파를 비판하면서 중앙 정치에 등장했습니다. 성종도 한명회 등 훈구파 대신들이 자신의 왕권을 약화시키는 것을 견제하기 위해 사림들의 등장을 장려했습니다. 이때 김종직을 필두로 많은 사림들이 중앙 정계에 진출해, 주로 사간원이나 사헌부에서 근무했습니다. 이들이 왕이나 대신들의 잘잘못을 따지는 사간원이나 사헌부에서 일하게 된 것은 사림이 의정부나 6조에 진출하는 것을 훈구파가 견제했기 때문입니다. 또 대간이라 불리는 사간원과 사헌부가 훈구를 견제하기 좋은 기관이었기 때문이기도 합니다.

사림들은 훈구파의 부정부패를 사사건건 물고 늘어지면서 비판했습니다. 특히 훈구파들이 일반 백성의 토지를 뺏다 못해, 사림들의 토지까지 넘보자 이들 간의 대립은 더욱 격화됐습니다. 훈구파는 사림들을 가만두지 않겠다고 벼르다 꼬투리를 잡아 사림을 공격하기 시작했습니다. 연산군 때 시작된 사화士禍의 피바람이 그것입니다.

사림의 비극, 4대 사화

사화 중 가장 먼저 일어난 것이 연산군 때 일어난 무오사화였습니다. 이어서 갑자사화, 기묘사화, 을사사화가 잇따라 일어났습니다. 갑자사화와 을사사화 때는 사림뿐 아니라 훈구파들도 당했습니다.

연산군 때 두 번, 중종 때 한 번, 명종 때 한 번 일어난 사화는 네 번 모두 사림파의 패배로 끝났지만, 이것으로 사림이 완전히 패배한 것은 아니었습니다. 왜냐하면 얼마 지나지 않아 훈구파가 사라지고, 결국 사림파가 정권을 잡았기 때문입니다.

사화에서 간신히 살아남은 사림파들은 중앙 정치를 피해 지방으로

내려가 서원과 같은 근거지를 만들어 놓고 힘을 기르면서 때를 기다렸습니다. 서원이란 성리학을 우리나라에 뿌리내리는 데 공헌한 성리학자들을 기리고, 성리학 연구를 하면서 제자들을 키워 내는 일종의 사립학교입니다. 사림파들은 서원을 이용해 제자들을 키우면서 힘을 길러 나갔습니다. 그리하여 문정왕후와 명종이 죽은 후, 훈구의 세력은 끊어지고 사림파들이 다시 조정에 가득 차게 됐습니다.

훈구파는 사림파처럼 학풍으로 스승-제자 관계가 형성되어 만들어진 것이 아니라 특정 사건을 중심으로 합쳐져서 공신이 된 사람들이 많았으므로 맥을 이어가기 힘들었습니다. 그래서 선조 때부터는 사림파가 조정의 중요 자리를 독차지하게 됐습니다. 훈구파는 사라지고 사림파가 최후의 승리자가 되어 조선 멸망 때까지 권력을 유지하게 된 것입니다.

사화士禍

● **무오사화**(1498년) : 사림들의 부정부패 공격으로 화가 난 훈구파들이 『세조실록』을 편찬하는 과정에서 김종직의 '조의제문(弔義帝文)'과 '술주시(述酒詩)'를 발견하고 이를 빌미로 사림들을 공격하기 시작했습니다. 두 글의 내용은 세조가 조카인 단종을 죽이고 왕이 된 것을 초나라 항우가 자신이 내세웠던 의제를 죽이고 초나라 왕이 된 것에 비유해서 비난하는 내용이었습니다.

이 조문은 세조가 단종을 쫓아내고 왕위를 찬탈한 것이 잘못이며 그 뒤를 이은 예종, 성종과 연산군도 왕위를 이어서는 안 된다는 뜻으로 확대 해석될 수도 있는 것이었습니다. 훈구들의 지지를 등에 업은 유자광은 글의 내용에 주석까지 붙여서 연산군에게 모함을 했습니다. 평소 사림들의 간섭을 귀찮게 여기고 있던 연산군의 분노가 폭발했습니다.

"세조 대왕을 욕보인 김종직의 죄가 매우 크다. 그를 엄벌에 처하도록 하라."

그러나 김종직은 이미 죽은 지 오래였습니다. 그래서 김종직을 무덤에서 파헤쳐 시체에 다시 칼질을 하는 '부관참시'라는 형벌을 내렸고, 그 제자였던 김일손 등 사림파 수십 명은 목숨을 잃거나 귀양을 갔습니다. 이 사건이 무오년에 일어났기 때문에 '무오사화(戊午士禍)'라고 합니다.

● **갑자사화**(1504년) : 무오사화가 벌어진 지 6년 후 다시 한 번 사화가 일어났습니다. 폐비 윤씨 사건 때문이었습니다. 윤씨는 성종의 후궁으로 왕비가 되어 연산군을 낳았습니다. 그런데 질투가 심하다는 이유로 하루아침에 궁궐에서 쫓겨났고, 반성을 하지 않는다고 해서 사약을 받아 죽었습니다. 당시 어린아이였던 연산군은 그런 사실을 모른 채 계비였던 정

현왕후를 어머니로 알고 자랐습니다.

그런데 훈구파의 임사홍이 생모였던 폐비 윤씨가 죽은 사정을 연산군에게 고해 바쳤습니다. 연산군의 외할머니는 폐비 윤씨가 사약을 먹고 죽을 때 쏟은 피 묻은 옷자락을 보여 주기도 했습니다. 이를 보고 들은 연산군은 격노해, 자신의 어머니인 윤씨를 쫓아낼 때 찬성했던 신하들을 찾아내 모조리 죽였습니다.

이때는 사림만 죽임을 당한 것이 아니었습니다. 인수대비나 한명회와 연결된 훈구파들 중에서도 많은 희생자가 나왔습니다. 연산군은 윤씨를 폐비할 때 주도했던 성종의 후궁 두 사람을 죽이면서, 할머니인 인수대비까지 머리로 들이받아 죽이고 말았습니다. 이것이 1504년에 벌어진 갑자사화(甲子士禍)입니다.

● **기묘사화**(1519년) : 두 번의 사화로 많은 신하들을 죽인 연산군은 결국 쫓겨났습니다. 연산군을 내쫓은 세력의 주축은 훈구파였습니다. 이들이 내세운 왕은 연산군의 이복동생인 진성대군 중종이었습니다. 연산군을 내쫓고 중종을 즉위시킨 훈구파들은 이전보다 더 기세등등하게 권력을 잡고 흔들었기 때문에 왕인 중종조차 눈치를 볼 수밖에 없었습니다. 대표적인 것이 중종의 이혼 사건입니다.

원래 연산군과 중종은 연산군 때 좌의정이었던 신수근의 딸을 한 명씩 부인으로 맞아들였습니다. 그런데 반정 때 역적으로 몰려 죽임을 당한 신수근의 딸이 왕비로 앉게 되면 나중에 아버지의 복수를 할까 봐 박원종 등이 주장하여 중종과 신수근의 딸을 이혼시킨 것입니다. 중종은 이렇듯 공신들에게 휘둘릴 수밖에 없었습니다.

그런데 이런 훈구파에 정면으로 도전한 사람이 나타났습니다. 조광조였습니다. 조광조는 사헌부의 우두머리인 대사헌으로 사림들의 지지를 한몸에 받고 있었습니다. 중종 역시 훈구파를 견제하기 위해 조광조를 이용했습니다다. 약 10년 가까이 조광조는 중종의 지원을 받으면서 임금과 신하들이 공부하는 경연을 강화하고, 사헌부, 사간원 등의 언론 활동을 활성화시켰습니다. 반정 때 공신의 자격도 없이 공신이 됐던 사람들의 가짜 공로를 찾아 깎고 소학을 보급했으며, 방납• 폐단 방지를 위해 개혁을 추진했습니다.
이 중 공신들의 공로를 깎은 것이 훈구파들로부터 큰 반발을 사게 됐습니다. 훈구파들은 조광조가 반역을 일으켜 왕이 되려고 한다는 소문을 냈습니다. 바로 '주초위왕(走肖爲王) 사건'입니다. 주(走)와 초(肖)를 합치면 조(趙)가 되니 조광조가 왕이 되려 한다는 말이지요.
훈구파는 나뭇잎에 꿀로 '주초위왕'이라는 글자를 새겨 벌레가 파먹게 함으로서, 중종이 조광조를 의심하도록 만들었습니다. 이로 인해 결국 조광조와 그를 따르는 사림들이 죽거나 귀양을 가게 됐습니다. 1519년에 일어난 이 사건을 기묘사화(己卯士禍)라고 합니다.

● **을사사화**(1545년) : 마지막으로 일어난 사화는 1545년에 일어난 을사사화로 중종의 아들인 명종이 즉위하면서 일어났습니다. 중종이 공신들에게 강제 이혼을 당한 다음 맞은 두 번째 왕비인 장경왕후는 인종(仁宗)을 낳고 죽었습니다. 그 후 셋째 부인인 문정왕후가 들어와 명종(明宗)을 낳았습니다. 인종이 중종의 뒤를 이어 먼저 왕위에 올랐으나, 9개월 만에 갑자기 죽고 명종이 왕위에 오르게 됐습니다.
문정왕후는 동생인 윤원형과 손을 잡고 인종의 외삼촌인 윤임과 그 일파를 몰아냈습니다. 그러면서 자기에게 비판적인 사림들도 함께 죽이거나 귀양을 보냈습니다. 명종을 허수아비로 내세운 문정왕후가 약 20여 년간 정권을 잡고 흔드는 동안 사림들은 중앙 정계에 발붙이지 못했습니다.

• 하급관리나 상인들이 일반 백성이 나라에 바쳐야 할 공물을 대신 바치고 높은 대가를 받아 내던 일.

우리나라는 왜 영토가 커졌다, 작아졌다 했나요?

우리나라뿐만 아니라 대부분 국가가 그랬습니다. 나라의 힘이 강해지면 활발한 정복 전쟁으로 영토를 넓혔지만 국력이 쇠퇴하면 다른 나라에 영토를 빼앗겨 영토가 작아졌습니다.

중국과 맞닿은 압록강과 두만강을 경계로 하는 현재의 영토는 조선 세종 때 북쪽의 4군과 6진을 개척하면서 이루어졌습니다.

✚ 현재의 국경선이 만들어진 시기는 세종 때였습니다.

세종대왕이 한글(훈민정음)을 만든 이유는 무엇인가요?

우리나라 사람들은 철기 시대부터 한자를 쓰면서 가끔가다 이두나 향찰이라고 하는, 한자에서 음을 빌려 쓰는 글자를 사용하고 있었습니다. 그러다 보니 여러 가지 문제가 생겼습니다. 우리나라 말을 제대로 표현할 길도 없었고, 한자가 너무 어려워 일반인들은 배우기도 힘들었습니다. 그래서 일상적으로 쓰는 말을 제대로 표현하면서 누구나 배우기 쉽고 쓰기 좋은 우리의 문자를 만들게 된 것입니다.

지배 계층의 입장에서도 백성에게 성리학에 입각한 도덕을 가르치기 위해 누구나 쉽게 배울 수 있는 글이 필요하다는 생각을 했습니다. 이렇게 만들어진 한글은 누구나 쉽게 배우고 쓸 수 있으며, 자기의 의사를 마음대로 표현할 수 있을 뿐 아니라 글자를 만드는 원리가 매우 과학적이어서 전 세계에서 가장 훌륭한 문자로 평가받고 있습니다.

✚ 한글은 전 세계적으로 다른 나라 문자의 영향을 받지 않은 가장 독창적인 문자라는 평가를 받고 있습니다.

조선 시대에는 왜 16세 이상의 남자들만 호패를 가지고 다녔나요?

호패는 지금의 주민등록증과 같은 신분증명서였습니다. 당시에는 세금을 부담하는 대상자는 남자들이었습니다. 세금은 '전세'라고 하는 토지에 대한 세금, 특산물을 바쳐야 하는 '공납' 외에 노동력을 제공하는 '역(役)'이라는 것이 있었는데, 바로 역의 대상자가 16세 이상의 남자였습니다. 그래서 세금 부과 대상자가 아닌 여자들에게는 호패가 없었고, 16세 이상 남자들에게만 호패라는 신분증을 발급했습니다.

신라 시대에는 여자들에게도 역을 부담시켰다고 하는데 아마 길쌈 같은 실 짜는 일에 한정됐을 것입니다. 역을 담당하는 나이는 삼국 시대에는 15세부터였다가, 신라가 통일한 이후 16세에서 60세까지로 확장됩니다. 고려와 조선도 16세에서 60세까지였습니다.

✚ 조선 시대에 여자는 세금을 부과하는 대상이 아니었으므로 호패를 주지 않았습니다.

한복을 만들어 입기 시작한 것은 언제인가요?

지금의 한복은 조선 시대가 되어서야 만들어졌습니다. 그 이전에는 지역에 따라 각각 다르게 입었습니다. 고구려나 백제의 고분 벽화를 통해 고대 사람들이 입었던 옷 모양을 보면 지금의 한복과 크게 다릅니다.

흰 옷으로 대표되는 백의민족의 특징은 부여 시대부터 시작됐습니다. 지배 계층은 염색된 옷을 입었지만, 일반인들은 흰 삼베옷을 입었습니다. 저고리의 길이나 치마, 바지의 모습은 시대에 따라 조금씩 변해 왔습니다. 특히 남자 한복의 경우, 마고자라는 겉옷은 흥선대원군이 청나라에서 들여온 형식이고 한복 조끼도 근대에

서양 양복의 조끼에서 힌트를 얻어 만들어 입기 시작한 것입니다.

✚ '한복' 이라는 표현보다는 '우리 옷' 이라는 표현이 더 적절합니다.

왕의 말을 무조건 들어야 했던 이유는 무엇인가요?

우리나라뿐만 아니라 모든 전제주의 국가에서는 왕의 말이 곧 법이었습니다. 그들은 또한 무력을 장악하고 있었습니다. 그러나 이런 국가들도 최소한의 제한 장치는 만들어 놓았습니다.

우리나라나 중국에는 대간 제도가 있었습니다. 사간원, 사헌부, 홍문관의 3사가 그런 기능을 담당했습니다. 이들은 왕이 전제적 힘을 함부로 쓰지 못하도록 견제하는 역할을 했습니다. 그러나 연산군처럼 막무가내인 왕이 나타나면 대간도 꼼짝 못했습니다. 그래서 반정이 일어나곤 했습니다. 이런 전제 군주제가 없어진 것은 시민 혁명을 통해 민주주의가 확립된 다음입니다.

✚ 전제주의와 민주주의는 양립할 수 없는 것입니다.

삼강오륜이 무엇인가요?
삼강오륜은 조선 시대에 왜 그렇게 강조됐나요?

삼강오륜(三綱五倫)은 중국 한나라 때 선비인 동중서가 공자와 맹자의 가르침에 입각해 삼강오상설(三綱五常說)을 주장한 데서 유래했습니다. 오륜과 오상은 같은 말입니다. 이 주장은 중국뿐만 아니라 한국에서도 오랫동안 사회의 기본 윤리로 존중되어 왔으며, 특히 실천적 예법을 강조한 조선 시대에 매우 강조됐습니다.

삼강은 임금과 신하 사이의 군위신강(君爲臣綱), 어버이와 자식 사이의 부위자강

(父爲子綱), 남편과 아내 사이의 부위부강(夫爲婦綱)이라는, 서로 간에 마땅히 지켜야 할 도리를 의미합니다. 또한 오륜은 『맹자(孟子)』에 나오는 부자유친(父子有親), 군신유의(君臣有義), 부부유별(夫婦有別), 장유유서(長幼有序), 붕우유신(朋友有信)의 5가지로 구성되어 있습니다. 풀어 보면 그 뜻은 아버지와 아들 사이의 도리는 친함에 있고, 임금과 신하의 도리는 의리에 있고, 부부 사이에는 서로 침범치 못할 인륜의 구별이 있으며, 어른과 어린이 사이에는 차례와 질서가 있어야 하며, 벗의 도리는 믿음에 있어야 한다는 내용입니다.

조선은 성리학을 지배 이념으로 하는 나라였습니다. 그런데 성리학은 예법을 중시했습니다. 특히, 왜란과 호란 이후 성리학적 위계질서를 통해 사회적 모순을 덮으려 했기 때문에 삼강오륜은 조선 후기로 갈수록 더욱 강조됐습니다.

✚ 조선의 지배 이념은 예법을 강조한 성리학이었습니다. 삼강오륜은 성리학이 강조한 예법의 기본이 되는 행동 준칙이었습니다.

누구나 과거에 응시할 수 있었나요?

조선 시대에는 양인과 천인으로 신분이 나누어졌습니다. 양인은 양반, 중인, 상민으로 구성되어 있었습니다. 과거 시험은 천인을 제외하고는 특별한 법적 제한이 없었습니다. 그러나 양반이 아닌 신분의 사람들이 과거를 응시하기는 현실적으로 쉽지 않았습니다. 특히 문과의 경우는 탐관오리의 아들, 재가한 여자의 아들과 손자, 서얼에게는 응시를 제한했습니다.

✚ 조선은 양반 중심의 사회로, 다른 신분에 대해 많은 제한을 두고 있었습니다.

조선 후기 사회는 어떻게 변했나요?

실학파 학자들은 양란을 겪은 후 피폐해진 경제 상황과 서민들의 민생 문제를 해결하는 데 관심을 집중했습니다. 이들은 종래의 공리공론을 벗어나 실제적으로 민생 문제와 사회 문제를 해결하기 위한 방책을 연구했습니다.

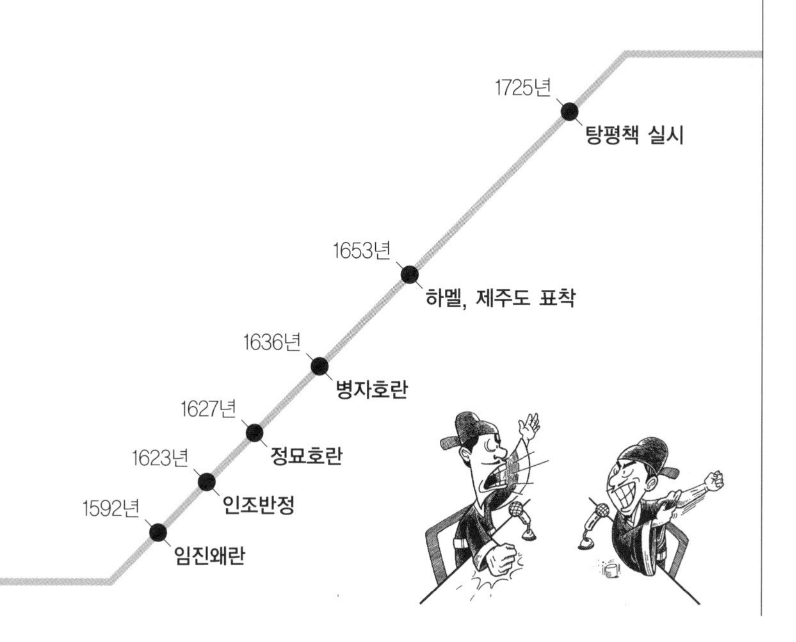

조선 후기 사회는 어떻게 변했나요?

임진왜란은 1592년부터 1598년까지 일본이 조선을 침략해 벌어진 전쟁이었습니다. 일본은 개전 초 파죽지세로 밀고 올라와 한양과 조선의 대부분 지역을 점령했습니다. 그러나 이순신이 이끈 수군을 비롯한 조선군과 각지에서 일어난 의병들, 그리고 명나라의 지원으로 일본은 7년 만에 철수했습니다.

두 명의 통신사와 임진왜란

일본의 전국 시대를 무력으로 통일한 도요토미 히데요시가 '정명가도(명나라를 정복하려 하니 조선은 길을 빌려 달라)'를 주장하자 조선에서는 일본의 상황을 살펴보기 위해 황윤길을 정사로, 김성일을 부사로 하여 통신사를 보냈습니다. 돌아온 통신사는 각각 다른 의견을 제출했습니다.

황윤길은 "반드시 병화가 있을 것"이라 했고 김성일은 "그러한 정황이 없는데 황윤길이 장황하게 아뢰어 민심을 동요시킨다"고 했습니다. 당시 집권 당파인 동인東人은 같은 동인인 김성일의 의견을 채택하고 별다른 전쟁 준비도 하지 않다가 일본의 침략을 받아 패했습니다. 전쟁 발발 직후 선조는 한양을 버리고 개성을 거쳐 평양으로 피난했고 두 왕자 임해군과 광해군을 함경도와 강원도로 보내 병사를 모집하게 했습니다.

한편 이순신이 이끄는 수군은 성능 좋은 무기와 탁월한 전략으로 일본 수군을 계속 격파했습니다. 이순신이 제해권을 장악한 사이 각지에서 의병이 일어났습니다. 충청도 옥천에서 조헌이, 경상도 의령에서

곽재우가, 전라도 장흥에서 고경명이 거병했고 김시민, 김천일 등은 목숨을 버려 가며 일본군과 싸웠습니다. 묘향산의 승려 휴정은 팔도 승려들에게 격문을 띄웠고 제자 유정은 1700여 명의 승려병을 이끌고 평양 탈환전에 참가했습니다.

마침 명나라도 이여송에게 4만여 명의 지원군을 주어 조선에 파병했습니다. 1593년부터 명나라와 일본 사이에 휴전 협상이 진행되다 1597년 일본에 의해 다시 전쟁이 재개됐습니다. 이때 일본군은 전공을 증명하기 위해 조선인들의 코를 베어 일본에 보내기도 했습니다. 1598년 도요토미 히데요시가 죽자 일본군은 완전히 철수했습니다. 이순신은 도망가는 일본군을 쫓아 공격하다 노량해전에서 전사했습니다.

조선의 치욕이 된 병자호란

병자호란은 임진왜란이 있은 지 38년 후인 1636년 12월에 발발했습니다. 여진족이 세운 금나라는 명나라에 전쟁을 선포하면서 조선에게 명나라를 돕지 말 것을 요구해 왔습니다. 반면 명나라는 조선에 지원을 요청했습니다. 광해군은 명나라의 요구에 소극적으로 대처함으로써 명과 금 사이에서 균형을 잡아 나갔습니다. 그러나 광해군을 몰아내고 왕위에 오른 인조는 광해군이 취해 온 중립 외교 정책을 폐지하고 친명배금 정책을 썼습니다. 이에 1627년 금나라가 3만 명의 병사를 이끌고 쳐들어왔는데 이를 '정묘호란'이라고 합니다.

정묘호란 후 후금은 조선에 여러 가지 요구를 해 왔는데 1632년에는 그동안의 '형제지의'를 '군신지의'로 바꿀 것을 요구했습니다. 이렇게 되자 조선 조정 내에도 척화론이 대두되어 후금과의 관계가 더욱 악화되기 시작했습니다. 1636년 국호를 '후금'에서 '청'으로 고친 청 태종은 12만 8000명의 대군을 이끌고 조선을 침입했습니다. 이를 병자호란이라 합니다. 청군은 임경업이 지키고 있는 백마산성을 피해 수도로 직행해 10여 일 만에 한양을 위협했습니다. 조정은 강화도로 피난가려 했으나 이미 길이 막혀 하는 수 없이 남한산성으로 피했습니다.

남한산성에는 군사 1만 2000명, 식량 1만 4000여 섬이 있어 50여 일 정도 버틸 수 있을 뿐이었습니다. 포위된 지 45일째 되던 날 강화 협상 사신 박난영이 살해당하고 삼남에서 올라오던 원군도 모두 청군에게 격파당했습니다. 이 같은 절망적 상황에서 인조는 성문을 열고 왕세자와 함께 삼전도에 나가 청 태종에게 항복했습니다. 불과 두 달만의 일이었습니다. 청은 소현세자와 봉림대군을 인질로 잡아가고 척화파 홍익한, 윤집, 오달제 등 3학사를 죽이고 김상헌을 감옥에 가뒀습니다.

청나라에 인질로 잡혀갔다 돌아와 왕이 된 효종은 나라의 치욕을 갚기 위해 북벌을 준비했으나 실천에 옮기지는 못했습니다. 양란을 겪은 후 조선은 정치적으로는 물론 사회, 경제, 문화적으로 커다란 변화를 겪었습니다. 그래서 임진왜란과 병자호란은 조선을 전기와 후기로 나누는 기준이 됐습니다.

관직을 둘러싼 선비들의 다툼

당쟁이 일어난 이유는 무엇일까요? 일제는 이를 우리나라 사람들이 분열적이고 남 잘되는 것을 못 봐주는 국민성 때문에 벌어진 망국병이라고 설명했습니다. 독립국 자격이 없는 민족이니 일본의 지배를 받는 게 당연하다는 주장을 하기 위해서였습니다.

그러나 그간의 역사 연구를 통해 우리는 이 같은 식민사관을 극복하고 조선 시대 당쟁의 긍정적인 측면과 부정적 측면을 균형 있게 이해할 수 있게 됐습니다. 학문의 차이로 붕당이 생겼고, 이로 인해 정치적 입장이 달라져서 정치적 투쟁을 했다는 것이 그간의 역사 연구가 밝혀낸 당쟁에 대한 설명입니다. 당쟁과 같은 정치 투쟁은 세계 어느 나라에서나 있었던 일반적 현상이지, 조선만의 특별한 현상이 아니었습니다.

당쟁이 일어난 근본적인 원인은 무엇일까요? 그것은 관직 수는 정해져 있는데, 관직을 가지고자 하는 사람은 많았기 때문입니다. 관직 경쟁이 심했던 것입니다. 조선 시대에는 과거에 합격했다고 해서 무조건 관리가 되는 것이 아니었습니다. 보통 문과에 33명이 합격하는데 초기에는 대부분 관리로 임용됐지만, 갈수록 그것이 어려워졌습니다. 과거 합격자는 많아지지만 관직은 늘어나지 않았기 때문입니다. 이렇게 되자 과거에 합격한 사람들이 힘 있는 사람에게 붙어서 관리 임명을 받으려는 경향이 심해졌습니다. 이 과정에서 학연, 지연, 혈연으로 사람들이 뭉치게 됐습니다. 이것이 바로 붕당입니다.

조선 시대의 당쟁은 어떻게 전개됐을까요? 인조반정 직후에는 북벌 정책을 두고 다툼을 벌였는데, 이때의 당쟁은 긍정적인 면이 있었습니다. 남인들은 전쟁 후라 국력을 회복하는 것이 급선무라고 생각해서 강압적인 북벌론을 내세워 백성에게 많은 세금을 거두는 서인들에 반대했습니다. 이렇게 당시의 붕당은 백성의 생활과 직결되는 문제를 둘러싸고 논쟁을 벌였기 때문에 긍정적인 면이 많았습니다.

당쟁의 본격화, 예송 논쟁

당쟁이 본격적으로 시작된 것은 효종이 죽고 난 후 벌어진 '예송' 논쟁부터입니다. 예송禮訟이란 효종과 효종비가 죽자 대비였던 자의대비(慈懿大妃, 인조의 계비인 조씨)가 상복을 얼마나 입어야 하는가를 둘러싸고 현종 대에 발생한 서인과 남인 간의 대립입니다. 기해예송(1차 예송)과 갑인예송(2차 예송)으로 두 차례 전개됐습니다.(139쪽 참조)

두 차례의 예송은 지금의 시각에서 보면 쓸데없는 논쟁으로 보일지

도 모릅니다. 상복 입는 기간을 가지고 싸웠으니 말이지요. 그러나 당시의 지배 계층에게 이 문제는 굉장히 중요한 문제였습니다. 조선 성리학에서는 예법을 중요하게 여겼습니다. 따라서 예법 문제는 명분이나 내용적인 면에서 상대 붕당을 공격하기에 아주 좋은 문제였던 것입니다.

예송은 주자학의 핵심 내용인 종법을 누구에게나 예외 없이 적용하면서 예禮의 불변성을 강조한 송시열 등 주자 정통주의와 국왕만은 예외라며 예의 가변성을 인정하려는 주자 비판론자 간의 사상적 대립이었습니다. 즉 예송은 국왕의 전제권을 인정하지 않으려는 서인과 그것을 인정하려는 남인 간의 차이를 보여주는 것이었습니다. 특히 인종의 둘째 아들이었던 봉림대군이 즉위하여 효종이 됐기 때문에 효종을 정통으로 보느냐, 아니냐 하는 것은 성리학에서 주장하는 정통론과도 아주 밀접한 관계가 있었습니다.

붕당정치는 두 차례에 걸친 예송 논쟁을 거치면서 본격적으로 전개됐고 숙종 대를 거치면서 일당 전제화 현상까지 나타나 조선 사회가 몰락하는 한 원인이 됩니다.

예송 논쟁

예송이란 예법을 가지고 다투는 것을 말하는데, 대표적인 것이 기해예송(1659년)과 갑인예송(1674년)입니다. 조선 시대에는 예법을 중시했기 때문에 예법을 두고 논쟁하는 것은 일반적이었습니다. 그러나 이 두 예송은 붕당 간 정권을 차지하기 위한 역사적인 사건이었습니다.

기해예송은 효종이 죽으면서 발생했습니다. 효종의 계모인 자의대비가 상복을 1년 입을 것인가, 3년 입을 것인가가 문제였습니다. 궁중 예법을 모아 놓은 『국조오례의』에는 효종처럼 둘째 아들로서 왕위에 올랐다가 죽었을 경우 어머니가 어떤 상복을 입어야 하는지에 관한 규정이 없었습니다.

인조의 첫째 아들인 소현세자는 죽었지만 자식들이 있었는데, 삼촌인 효종(봉림대군)이 왕이 되었기 때문에 상복 문제가 어렵게 된 것입니다.

윤휴를 중심으로 하는 남인은 효종을 적자로 보고 3년 설을 주장했고, 송시열을 중심으로 하는 서인은 효종이 왕위를 계승했지만 첫째 아들이 아니라는 이유로 1년 설을 주장했습니다. 논쟁이 치열해지자 서인은 정권을 잃을 수도 있다는 위기감을 느꼈습니다. 그들은 철저하게 남인을 공격하여 상복을 둘러싼 첫 번째 예송인 기해예송에서 이겼습니다.

예송은 한 번으로 끝나지 않았습니다. 자의대비가 살아 있는 가운데 효종비가 먼저 죽자, 남인은 서인을 다시 공격했습니다. 이것이 갑인예송입니다.

남인은 기해예송 때의 주장을 되풀이하여, 효종비가 왕비이므로 자의대비가 1년 동안 상복을 입어야 한다고 주장했습니다. 서인은 효종이 적자가 아니므로 자의대비가 상복을 9개월만 입으면 된다고 주장했습니다. 당시 왕이었던 현종은 서인의 정권 독주에 대해 불만이 있었기 때문에 효종을 정통으로 보아야 한다는 남인 편을 들었습니다. 이렇게 하여 두 번째 예송인 갑인예송은 남인의 승리로 끝이 났습니다.

이렇듯 예송 논쟁은 겉으로는 예법을 둘러싼 논쟁처럼 보이지만 실제로는 붕당 간에 목숨을 걸고 전개된 권력 투쟁이었습니다.

실학의 대두

17세기 후반에서 19세기 전반에 걸쳐 개혁적 유학이 대두됐습니다. 이를 '실학'이라 합니다. 기존의 유학을 '성명의리지학'이라 하고 실학을 '실사구시지학'이라 부르기도 합니다.

실학파 학자들은 양란을 겪은 후 피폐해진 경제 상황과 서민들의 민생 문제를 해결하는 데 관심을 집중했습니다. 이들은 종래의 공리공론을 벗어나 민생 문제와 사회 문제를 실제적으로 해결하기 위한 방책을 연구했습니다. 실학파에는 농업 중심 개혁론을 주창한 경세치용학파(유형원, 이익 등), 청나라의 문물을 적극 수용하여 부국강병과 이용후생에 힘쓰자고 주장한 이용후생학파(북학파라고도 함. 유수원, 박지원, 박제가 등) 등이 있으며 정약용이 모든 흐름을 집대성했습니다.

이 시기에는 실학의 발달과 동시에 문화 인식의 폭도 넓어져 이수광의 『지봉유설』, 이익의 『성호사설』 등 백과사전들이 많이 편찬됐습니다. 이러한 움직임은 18~19세기 유럽에서 계몽주의 사조가 융성했을 때 백과전서파가 등장했던 것과 유사합니다.

실학사상은 그 후 실증적, 민족적, 근대 지향적 사상운동으로 전개되어, 개화파의 사상으로 이어지고 우리나라의 근대화를 위한 사상적 기반으로 작용했습니다.

영조의 탕평책

붕당 정치가 변질되면서 정치 집단 간의 세력 균형이 무너지고 왕권도 불안정해졌습니다. 이에 강력한 왕권을 토대로 국왕 중심의 세력 균형을 유지하기 위한 탕평론이 제기됐습니다. '탕평'이란 중국 고전인 『서경書經』에 있는 말로, 임금의 정치가 한쪽으로 치우치지 않아 사심이 없으며 당黨을 이루지 않는 상태를 의미합니다. 이런 탕평론을 실시한 왕은 숙종, 영조, 정조였습니다.

숙종은 공평한 인사 관리를 통하여 붕당 간 갈등을 해소시켜 탕평을 이루려고 했습니다. 하지만 숙종은 한쪽의 당파에게 권한을 위임하는 편당적인 인사관리로 일관하여 일종의 정권 교체인 '환국換局'(145쪽 참조)을 일으킴으로써 오히려 붕당 정치를 심화시킨 결과를 가져오고 말았습니다. 숙종 때만 경신, 기사, 갑술의 세 환국이 일어났습니다.

환국을 거치면서 서인은 노론, 소론으로 분열됐고, 쟁론은 더욱 빈번하게 일어났습니다. 특히 경종(장희빈의 아들)의 왕위 계승 문제와 영조(당시 왕세제)의 대리청정 문제로 대립은 더욱 격화됐습니다. 이렇듯 탕평론을 내세운 숙종은 스스로 탕평을 무너뜨리는 바람에 개혁을 성공적으로 이끌지 못했습니다.

경종이 갑작스럽게 죽고 난 후, 즉위한 영조는 탕평교서를 반포하고 노론과 소론을 번갈아 등용했지만 정치적 혼란은 더욱 심해졌습니다. 소론과 남인의 일부 강경파들은 영조가 경종을 독살했다고 주장하면서 노론 정권에 반대했고 이인좌를 중심으로 난을 일으키기도 했습니다.

영조는 이인좌의 난을 계기로 붕당 간의 관계를 다시 조정하여 왕과 신하 사이의 의리를 확립할 필요를 절감했습니다. 영조는 붕당을 없앨 것을 주장하면서 자신을 따르는 탕평파를 중용하여 정국을 운영했습니다.

서원을 중심으로 여론을 이끌던 산림의 존재도 인정하지 않았습니다. 원래 '산림'이란 산림처사山林處士, 산림학자山林學者와 같이 관직을 하지 않고 은거한 인물을 상징하는 수식어로 많이 사용됐는데, 조선 후기에는 초야의 선비가 아니라 중앙에서 고위 관직을 지내다 낙향하여 국가적으로 대우받는 사림士林의 명망가를 일컫는 말로 사용됐습니다.

산림은 지역의 여론을 주도하고, 지역 사림의 천거권까지 보유하여 국정 운영의 방향과 특정 붕당이나 정파의 성쇠에 큰 영향을 끼쳤으므로 이를 없애려고 한 것입니다. 또 산림과 연결된 서원들도 대폭 정리하여 사림들의 붕당 근거지를 없애려고 했습니다. 이조 전랑의 인사권이나 후임자 천거권 등의 관행을 약화시키기도 했는데, 후임자 천거권을 완전히 폐지한 것은 정조 때 입니다.

영조는 민생 안정과 산업 진흥을 위해 균역법을 시행했고, 법률적으

로 삼심제를 엄격하게 시행했습니다. 균역법은 장정 1인당 1년에 포 한 필만 걷게 하여 군역의 부담을 줄인 것이고 삼심제는 억울한 죄인이 생기지 않게 재판을 세 번 받도록 한 것입니다.

영조의 정책에 의해 붕당 정치는 상당히 약화됐습니다. 노론의 인물들이 주요 자리를 차지했지만, 자신들도 탕평파라는 식으로 행동했습니다. 그러나 영조의 탕평책도 붕당 정치의 폐단을 근본적으로 해결한 것은 아니었습니다. 강력한 왕권으로 당쟁을 억제한 것에 불과한 것이었습니다. 그 뒤를 이은 정조 역시 마찬가지였습니다.

사도세자의 죽음과 이를 둘러싼 시파와 벽파 간의 정쟁을 경험한 정조는 할아버지인 영조보다도 더욱 강력하게 탕평책을 시행했습니다. 정조는 각 붕당의 입장이 옳은지 아닌지를 철저하게 가리면서 영조의 탕평책에 편승해 권력을 키웠던 척신(외척)과 환관들을 제거했습니다. 동시에 노론, 소론, 남인 등을 골고루 등용했습니다.

무너진 왕권을 세우기 위한 몸부림

정조는 왕립 도서관이었던 규장각을 강화해, 서얼 및 붕당 정치와 관련이 없는 인물들을 검서관으로 등용하여 정치 기구로 육성했습니다. 자신을 초월적 군주로 생각하고 스승의 입장에서 신하들을 양성하고 재교육시키기 위해 '초계문신제'라는, 공부하는 휴식년 제도도 실시했습니다. 또한 노론들이 장악하고 있었던 5군영을 약화시키기 위해 친위 군대인 장용영을 화성(지금의 수원)에 설치해 병권을 장악했습니다.

수원 화성은 정조의 원대한 꿈이 서려 있는 도시입니다. 정조가 노론 세력의 터전이었던 한양을 벗어나 천도까지 꿈꾸었던 곳이 화성이지만 현실적으로는 쉬운 일이 아니었습니다. 정조는 일단 정치적, 군사적 기능과 함께 상공인들을 유치하여 화성을 정치적 상징 도시로 육성하고자 했습니다. 화성 근방에 부친인 사도세자의 묘도 옮겨 놓아 효도를 이유로 빈번하게 화성에 행차했으며 이 과정에서 백성의 의견을 직접 들으려고 했습니다.

정조도 영조와 마찬가지로 무너진 왕권을 회복하고 부국강병을 추구했습니다. 이 정책은 어느 정도 효과를 거두었습니다. 그러나 영조와 마찬가지로 미래 지향적이고 근대적인 개혁은 아니었기 때문에 무너지는 조선 왕조를 다시 세우기는 어려웠습니다.

환국

환국은 정치적 국면이 전환된다는 의미인데, 요즘 말로 표현하면 정권 교체입니다. 조선 시대는 유명한 환국이 세 번 있었는데 전부 숙종 때 일어났습니다.

경신환국(1680년)은 갑인예송 후 정권에서 우세를 보이던 남인을 서인이 공격하여 정권을 되찾은 사건입니다. 서인은 인조의 손자이며 숙종의 5촌인 복창군, 복선군, 복평군 3형제가 남인의 우두머리 허적의 아들인 허견과 결탁하여 역모했다고 주장했습니다. 이를 '복' 자가 들어간 세 사람의 사건이라 하여 '삼복의 변'이라고 합니다. 이 사건으로 남인은 몰락하고 서인이 득세하기 시작했습니다.

남인도 당하고만 있지는 않았습니다. 숙종이 후궁인 숙원 장씨를 총애하여 왕자 윤을 낳았습니다. 숙종은 윤을 원자로 책봉하고 장씨를 희빈으로 삼으려 했습니다. 남인은 숙종의 처사를 지지했고, 서인은 정비 민씨가 젊으므로 더 기다려야 한다며 숙종의 처사를 반대했습니다. 숙종은 서인을 조정에서 몰아내고 남인을 우대했습니다. 이를 기사환국(1689년)이라고 합니다. 이 환국의 여파로 민비는 폐출되고, 장희빈이 정비가 됐습니다.

시간이 흘러 서인인 김춘택과 한중혁 등이 폐비 민씨의 복위 운동을 전개했습니다. 남인은 이를 반대했지만, 숙종은 받아들입니다. 숙종은 처음에는 장씨를 총애하여 희빈으로 삼고, 아들을 낳자 왕비로 책봉했습니다. 그러나 장씨가 방자한 행동을 취하자 숙종은 정비였던 민씨를 폐출한 일을 뉘우치게 됐습니다.

결국 숙종은 김춘택 등의 복위 운동을 옳게 여겨, 남인을 몰아내고 소론 계열의 서인을 중용하게 되었습니다. 이를 갑술환국(1694)이라고 합니다. 이 사건을 계기로 남인은 완전히 정권에서 밀려나 정조가 즉위하기 전까지는 재기할 기회를 얻지 못했습니다.

세 차례의 환국도 계기는 왕비의 폐출이나 역모 사건이지만 실제로는 당시 정치를 주도하던 붕당 간의 권력 투쟁이 본질이었습니다.

세도 정치의 시작

정조의 갑작스런 죽음으로 탕평 정치가 끝나고 세도 정치가 시작됐습니다. 영조와 정조가 추진한 탕평 정치로 왕에게 다시 권력이 집중됐는데, 문제는 권력의 핵심인 왕위를 계승한 순조가 11세의 어린 왕이었다는 것입니다. 순조 즉위 후 약 4년간은 나이가 어리다는 이유로 영조의 두 번째 부인인 대왕대비 정순왕후가 수렴청정(垂簾聽政, 왕 대신 정치를 함)을 했습니다.

정순왕후는 영조 때에 사도세자의 폐위를 주장했던 동생 김귀주를 비롯한 벽파와 뜻을 같이하고 있었으므로 수렴청정 기간 동안 정조 때의 집권 세력이었던 시파의 숙청에 주력했습니다. 무너져 가는 사회 질서를 지탱하기 위해 1801년 1월 오가작통법을 다시 시행했으며 '사교금압邪敎禁壓'이라는 명분으로 신유사옥을 일으켜 천주교도뿐만 아니라 남인과 시파의 주요 인물들을 처형하거나 유배 보냈는데, 이때 이가환, 이승훈, 정약종 등이 처형당하고, 정약용, 채제공 등은 관직을 빼앗겼습니다.

벽파들은 정조의 개혁 기구였던 규장각, 장용영 등을 폐지하고 훈련도감 및 비변사를 정상화하여 권력을 다시 장악했습니다. 그러나 정순왕후가 죽으면서 벽파는 몰락하고 순조의 장인이었던 김조순을 중심으로 하는 안동 김씨 일파가 왕명을 내세워 세도 정치를 시작했습니다. 김조순은 붕당도 아닌 반남 박씨와 풍양 조씨 등 일부 유력 가문의 협력을 얻어 정국을 주도했습니다.

순조도 나이가 든 후에는 나름대로 국정을 주도하려고 했으나, 자신을 뒷받침해 주는 세력을 만들지 못해 결국 실패했습니다. 순조는 말년에 효명세자를 내세워 다시 한 번 개혁을 시도해 보았으나 효명세자가 갑자기 죽는 바람에 그마저도 실패하고 말았습니다. 이후 안동 김씨 집안은 자신들을 중심으로 권력 집단을 재편성했습니다. 헌종 즉위 후 잠시 풍양 조씨에게 권력을 내주었다가 철종 때 다시 집권합니다. 이러한 양상은 흥선대원군이 고종을 내세워 정국을 주도하기 전까지 지속됐습니다.

세도 정치가 왜 그렇게 비난받는 것일까요? 세도 정치는 안동 김씨 등 일부 유력한 가문들이 서로 연합하거나 대립하면서 인척 관계로 얽혀 정치 집단을 이룬 후, 국가와 민생의 안정은 팽개치고 권력과 이권을 독점함으로써 사회 전반에 걸쳐 심각한 갈등 상황을 야기했기 때문입니다.

이들 중 일부는 위기의식을 가지기도 했지만, 사회 · 경제적 모순을 근본적으로 개혁할 만한 능력이나 의지가 없었습니다. 근대 지향적인 비전도 갖고 있지 못했습니다. 사회 모순을 정면으로 돌파하기는커녕 새로운 사회 세력이 정치에 참여하거나 비판하는 것을 철저히 막았습니다. 천주교도라는 죄명을 씌워 약 18년간 강진에 유배를 보낸 남인의 정약용 같은 인물이 여기에 해당됩니다. 정약용의 유배가 끝난 후, 노론의 거두였던 서영보가 정약용에게 사과를 하지만 때는 이미 늦었습니다.

관직의 매매와 관리의 부정부패

안동 김씨 세도 정권은 19세기 상업의 발달과 서울의 도시적 번영에 자족하면서 눈앞의 위기에 눈을 감았습니다. 그들은 재야 세력들을 정권에서 철저히 배제하여 사회 통합에 실패했고, 상인이나 부농들을 정

치 세력으로 포섭하지 못하고 수탈의 대상으로만 여기는 실수를 저질렀습니다. 세계사적으로 보면 이미 상인, 부농들이 시민계급으로 성장하여 정치권력에 참여한 상황인데 말입니다.

이들은 지방 수령과 중앙의 관직까지도 공공연히 상품화해 팔았는데, 이로써 국가 전체가 비리와 부패의 온상이 되어 갔습니다. 특히 지방에서는 향리나 향임 등을 이용하여 부세를 걷었기 때문에 지방 수령의 절대권을 견제할 만한 세력이 없었습니다. 지방관들과 향리들은 마음 놓고 부정과 비리를 저질렀습니다.

더구나 이 시기에는 자연재해가 잇따르면서 기근과 전염병이 퍼지고 인구가 급속히 감소했습니다. 인구 감소로 인한 농민의 조세 부담 증가는 가뜩이나 어려운 농촌 사회의 불만을 증폭시키는 결과를 가져와 농민 봉기가 일어나는 요인이 됩니다.

지도는 누가 만들었나요?

처음에는 국가에서 외적의 침입을 막기 위한 군사적 필요성과 세금을 걷는 등의 경세적 필요성 때문에 만들었습니다. 국가에서 만들었기 때문에 만든 사람을 잘 모르는 경우가 많았습니다.

지금까지 알려진 최초의 세계 지도는 기원전 약 600년을 전후하여 만들어진 점토 판인데 10센티미터 안팎의 이 납작한 원반은 세계를 원으로 묘사하고 한복판에 두 개의 선이 가로지르고 있습니다. 이것을 '비통의 강'이 에워싸고 있고, 그 영역 바깥에 상상의 야수가 살고 있다고 묘사되어 있습니다.

우리나라에서도 대부분의 지도는 나라에서 만들었는데, 혹시 개인이 만들었어도 왕의 명령으로 한 일이었습니다. 개인이 함부로 지도를 만들면 반역죄로 다스렸습니다. 왜냐하면 반역을 일으키거나 다른 나라와 내통하기 위해 만든다고 생각했기 때문입니다.

개인이 지도를 만들기 시작한 것은 조선 후기부터입니다. 조선 후기에는 상공업의 발달로 상인들이 정밀한 지도를 필요로 했습니다. 그래서 정상기의 '동국지도'나 김정호의 '대동여지도' 같은 개인이 만든 지도가 등장했습니다. 조선 후기에는 국가의 지배력이 약화됐고, 상업의 필요성을 인정한 면도 있어서 이들을 처벌하지 않았습니다.

✚ 지도는 국방력 강화와 세금을 걷기 위해 국가가 만들었습니다. 한마디로 부국강병의 한 방법이었다고 할 수 있습니다.

김치는 언제부터 만들어 먹게 됐나요?

우리나라에서는 고대부터 짠지 형태로 김치를 만들어 먹었습니다. 발효를 시킨 무짠지였습니다. 배추보다는 무를 많이 먹었습니다. 배추도 먹기는 했는데, 지금의 백김치 형태라고 생각하면 될 것 같습니다.

지금처럼 고추를 써서 빨간 김치를 담근 것은 조선 후기부터입니다. 고추가 우리나라에 들어온 때는 임진왜란 이후였습니다. 무김치보다 배추김치를 더 선호하게 된 것도 18세기 이후부터입니다.

✚ 고추뿐 아니라 담배나 고구마도 임진왜란 이후 들어왔습니다. 감자도 19세기에 청나라를 통해 들어왔습니다.

통신사는 무엇을 하는 사람인가요?

임진왜란 이후 일본은 조선의 뛰어난 문화를 받아들이고, 에도막부의 쇼군(장군, 將軍)이 바뀔 때마다 그 권위를 인정받고 싶어서 조선에 사신 파견을 요청해 왔습니다. 이에 조선에서는 1607년부터 1811년까지 12회에 걸쳐 '통신사'라는 이름으로 사신을 파견했습니다. 일본은 이들을 통하여 조선의 선진 학문과 기술을 배우고자 했기 때문에 조선 조정에서는 적을 때는 300여 명, 많을 때는 500여 명에 달하는 대규모 사신단을 보냈습니다.

통신사 안에는 화가, 도자기 기술자 등 각종 문화를 전달할 수 있는 사람들이 대거 포함되어 있었습니다. 통신사는 외교 사절이자, 조선의 선진 문화를 일본에 전달해 주는 문화 전달자의 역할을 한 것입니다.

✚ 조선에서 일본에 문화를 전해 준 사신은 '통신사', 문호 개방 이후 일본으로부터 문화를 배워 오던 사신은 '수신사'입니다.

임진왜란은 왜 일어났나요?

중국을 보면 보통 한 왕조가 유지되는 시기는 200년 정도 됩니다. 조선도 건국한 지 200여 년이 지나 서서히 붕괴하고 있었습니다. 이때 발발한 전쟁이 임진왜란이었습니다.

임진왜란의 발생 배경은 대외적 요소와 대내적 요소 두 가지로 나눌 수 있습니다. 먼저 대외적인 요소는 일본의 문제입니다. 일본은 조선 초기부터 무역 요구가 많았습니다. 그러나 조선 정부는 통제를 강화했습니다. 이 과정에서 쌓인 불만과 더불어 도요토미 히데요시가 일본 전국 시대의 혼란을 수습하고, 정권을 잡은 뒤 자신에게 대항할지도 모르는 군대의 관심을 바깥으로 돌리고자 한 것이 주원인입니다.

대내적인 요소인 조선의 상황도 좋지 않았습니다. 연산군 이후 정치 기강은 무너졌고, 양반들의 토지 겸병으로 인해 재정 상황은 피폐해졌으며, 지배 계층의 수탈로 백성의 삶은 도탄에 빠져 있었습니다. 더군다나 일본의 사정을 알아보러 간 사신들이 정반대되는 주장을 하는 바람에 이에 대한 대책도 세울 수 없었습니다. 서인이었던 황윤길은 일본이 침략할 것이라고 주장한 데 비하여, 부사였던 동인 김성일은 일본의 침략이 없을 것이라고 했습니다.

나중에 김성일이 쓴 글을 보면 국가 재정이 바닥난 상태에서 확실하지도 않은 침략 주장은 불안만 일으킬 것이라고 하여 반대했다고 했습니다. 그러나 그것은 국가를 책임진 고위 관료로서 취할 태도가 아니었습니다. 항상 최악의 상태를 대비하는 것이 고위 관료로서 책임 있는 자세라 할 것입니다.

이런 상황 속에서 임진왜란이 터졌고, 이 국난은 유성룡, 이순신 장군 등 몇몇 선견지명이 있는 인물들, 그리고 각처에서 일어난 의병의 힘에 의해 간신히 극복됩니다. 위기를 극복한 조선 왕조는 이때 얻은 힘으로 이후에도 300여 년 동안 지속됐습니다.

✚ 임진왜란은 유비무환이 얼마나 중요한 일인지를 다시 한 번 생각하게 하는 사건이었습니다.

광해군은 나쁜 왕이었나요?

조선 왕조에서 왕임에도 휘호가 없이 '군'으로 끝난 사람이 두 사람 있습니다. 바로 연산군과 광해군입니다. 연산군은 너무도 흉포한 폭군이었습니다. 그러나 광해군은 보는 사람에 따라서 얼마든지 입장이 다를 수 있습니다.

광해군은 임진왜란이 끝난 후 선조의 뒤를 이어 왕이 됐습니다. 전쟁 중에도 솔선수범했던 광해군은 왕이 된 후에도 전쟁의 뒷수습을 위한 정책을 실시하면서 대외적으로는 국력이 강성해져 가는 후금과 명나라 사이에서 중립 외교를 펼치는 등 훌륭한 정책들을 시행합니다. 그러나 정권에서 소외됐던 서인들과 남인들은 광해군의 정책에 대해 큰 불만을 가지게 됐습니다. 이들은 힘을 합쳐 광해군을 왕의 자리에서 내쫓았는데, 이때 내세운 이유는 두 가지입니다.

하나는 후금과 명나라 사이에서 중립 외교를 했다는 것입니다. 반정 세력들은 명나라가 임진왜란 때 조선을 도와주었기 때문에 무조건 도와주어야 한다는 '의리론'을 내세웠습니다. 그러나 당시 명나라를 도와 후금과 싸우는 것은 현실적으로 불가능했습니다. 전후 복구 사업조차도 힘든 판국이었으니까요.

또 하나는 서모인 인목대비를 폐위시키고, 동생인 영창대군을 살해해 패륜의 죄를 저질렀다는 것입니다. 그러나 이것도 문제가 있습니다. 윤리적으로 문제가 있는 것은 맞지만 서인들이 계속 적자인 영창대군을 내세워 서자인 광해군의 왕권을 흔들었기 때문입니다. 결국 광해군의 행동이 조금 지나쳤던 것을 서인들이 몰아붙여 내쫓은 셈입니다. 과연 광해군이 내쫓길 만큼 나쁜 왕이었는지는 여러분이 판단해 보십시오.

✚ 역사란 보는 관점에 따라 입장이 다를 수 있습니다.

실학이 나오게 된 원인은 무엇인가요?

조선 후기의 사회·경제적 변동은 너무나 역동적이어서 성리학 체제로는 더 이상 이끌 수 없는 상황이 됐습니다. 특히 양반 지배 체제의 모순을 해결하기 위해 성리학을 대신할 새로운 사상이 필요했습니다. 이때 지식인들 사이에서 개혁적 유학이 대두됐습니다. 그것이 바로 실학입니다.

실학은 기존 성리학 체제를 비판하고 개혁을 추구하지만, 유학에서 완전히 벗어난 학문은 아닙니다. 실학은 청나라에서 전해진 고증학과 서양 과학의 영향을 받아 더욱 체계화됩니다. 실학은 18세기에 가장 활발했는데, 농업 중심의 개혁론, 상공업 중심의 개혁론, 국학 연구 등의 분야로 나뉘어 발전했습니다. 그러나 권력을 장악한 소수 집권층이 외면하는 바람에 조선 사회 개혁에 크게 이용되지는 못했습니다.

✚ 실학은 기존 유교 체제를 개혁할 마지막 기회였으나 정권에서 받아들이지 않았습니다.

정약용은 거중기를 어떻게 만들어 이용했나요?

실학자 정약용은 과학과 기술의 중요성을 확신하고 기술 개발에 앞장섰던 사람입니다. 그는 기술의 발달이 인간 생활을 풍요롭게 한다고 믿었습니다. 그래서 기술 개발에 노력하면서 중국에서 들어온 기계 설계 책인 『기기도설』을 참고로 거중기를 만들었습니다. 이 거중기는 수원 화성 건축 때 공사 기간을 대폭 단축해 주었습니다.

✚ 정약용은 정조가 수원으로 행차할 때 한강을 건너기 위한 배다리도 만들었습니다.

비변사는 무엇을 하는 기구인가요?

일본은 16세기 들어 무역의 횟수와 양을 늘려 달라는 요구를 계속했으나 조선이 들어주지 않자 난을 일으킵니다. 대표적인 것이 중종 때의 3포 왜란(1510년)과 명종 때의 을묘왜변(1555년)입니다. 이에 조선 정부는 군사 문제를 따로 담당하는 비변사를 설치합니다. 임진왜란을 거치면서 비변사에는 3정승을 비롯해 공조를 제외한 5개 조의 판서, 군영대장, 대제학, 강화유수 등이 참여했습니다. 이렇게 되자 의정부가 유명무실해졌습니다.

비변사는 일단 일을 처리한 후에 왕에게 보고해도 되니까 신하들 입장에서는 무척 편한 제도였습니다. 그래서 왜란과 호란이 끝난 후에도 관료들은 의정부 체제로 돌아가지 않고 비변사를 유지했습니다. 이와 같은 비정상적인 상황은 흥선대원군이 나타나서야 비로소 정상화되어 의정부 체제로 돌아갔습니다.

✚ 왕권과 신권과의 상호 견제 관계에 대한 이해가 필요합니다.

훈련도감은 무엇인가요?

조선은 의무병들이 국방을 책임지는 체제였습니다. 16세가 되는 남자는 '군역'이라 하여 군사력을 국가에 제공했습니다. 이들 중의 일부를 한양으로 올라오게 해 중앙군을 만들어 수도와 궁궐의 방비를 맡겼습니다. 일명 5개의 군대라고 해서 '5위'라고 하죠.

그런데 양반들의 수탈이 심해지면서 군역을 져야 할 농민들이 많이 도망가서 임진왜란이 일어날 당시에는 중앙군이 거의 없는 지경이 됐습니다. 그래서 정부에서는 새로운 군대의 필요성을 절감하고 장기간 근무를 하고 일정한 급료를 받는 직업 군인을 뽑아 상비군을 창설했습니다. 이것이 바로 훈련도감입니다.

훈련도감은 활로 무장한 사수, 창으로 무장한 살수, 조총으로 무장한 포수의 전문병으로 구성했습니다. 그 후 어영청, 금위영, 총융청, 수어청의 4개 군대가 수도와 궁궐을 경비하기 위해 더 설치됐습니다. 이를 조선 전기의 5위를 대신하는 '5군영'이라고 합니다.

✚ **이때부터 의무병제에서 월급을 받는 상비군제로 바뀌었습니다.**

개화와 주권 수호 운동은 어떻게 전개됐나요?

을미사변 후 개화파 정부는 단발령을 실시하는 등 일제의 침략 정책에 발을 맞추었습니다(을미개혁, 1895년). 갑오 · 을미 개혁은 겉으로는 갑신정변과 동학 농민 운동에서 추진했던 개혁 내용을 상당히 반영한 근대 지향적인 개혁을 추구했습니다. 그러나 당시의 가장 절실한 개혁 과제였던 군사 개혁이나 농민들의 숙원이었던 토지 개혁은 거의 실시되지 않아서 백성들의 호응을 얻지는 못했습니다.

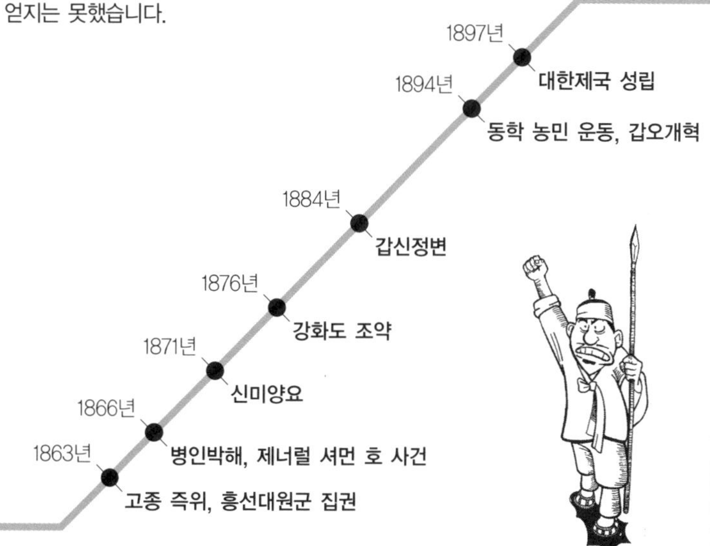

개화와 주권 수호 운동은 어떻게 전개됐나요?

18세기 후반 영국에서 시작된 산업혁명은 유럽과 미국으로 확산됐습니다. 19세기 후반에는 자본주의가 급속하게 발달하여 독점 자본주의와 금융 자본주의 단계에 도달했습니다. 자본주의가 고도로 발달하게 되면 은행 자본과 산업 자본이 융합되면서 소수의 거대 독점 기업이 산업에 대한 지배적인 힘을 가지게 되는 단계로 접어들게 되는데 이를 독점 자본주의라고 합니다.

또한 자본의 소유와 경영이 나누어짐에 따라 신용이 큰 역할을 하게 되고, 은행이 산업을 통할하여 산업 자본과 긴밀히 융합된 은행 자본이 경제를 지배하는 금융 자본주의 단계에 접어들게 됩니다. 현재의 세계 경제는 독점 자본주의와 금융 자본주의의 연장선상에 있다고 할 수 있습니다.

아시아에 뻗친 제국주의의 마수

19세기, 선진 자본주의 국가들은 원료 공급지 및 상품 판매 시장을 찾기 위해 그리고 자본의 수출과 과잉 인구 배출을 위해 식민지 획득 경쟁에 본격적으로 뛰어들게 됩니다. 신항로 개척 이후에도 식민지 획득 경쟁은 있었지만, 이때처럼 강력하지는 않았습니다. 이와 같은 제국주의적 경향은 19세기 유럽 세계를 풍미했던 민족주의와 결합해 배타적이고 침략적인 국수주의로 변질됐습니다.

1870년대부터 선진 자본주의 열강들은 경쟁적으로 후진 지역을 침략해 식민지화했습니다. 제국주의 시대가 개막된 것입니다. 제국주의를 뒷받침해 준 사상이 '사회 진화론'입니다. 사회 진화론은 19세기

찰스 다윈이 발표한 생물 진화론을 기계적으로 사회에 대입한 선동적 이념으로 허버트 스펜서가 처음 사용했습니다.

인간 사회도 동물의 세계처럼 약육강식과 적자생존이 전개된다고 보고 제국주의 열강들이 약소국을 침략하여 식민지로 삼는 것을 '자연의 법칙'으로 설명하는 것이 사회 진화론입니다. 후진 지역의 개발과 문명화를 백인의 의무라고 생각하여 자신들의 침략을 정당화하는 제국주의 미화론이 바로 사회 진화론이었던 것입니다.

그전에는 영국과 프랑스 정도만 식민지 개발에 열을 올렸는데, 이때가 되면 산업혁명에 들어선 다른 유럽 국가들도 식민지 경쟁에 뛰어들게 됩니다. 대표적인 나라로 독일, 이탈리아, 미국, 러시아가 있고 메이지 유신으로 근대화를 달성한 일본도 뒤늦게 합류합니다.

이들은 아프리카, 아메리카뿐만 아니라, 아시아 지역에도 침략의 마수를 뻗칩니다.

청나라는 1840년 아편 전쟁에 패해 난징 조약(1842년)으로 문호를 개방했습니다. 청나라는 위기를 벗어나기 위해 노력했지만 영국·프랑스 연합군에 베이징을 점령당하고 톈진 조약(1858년)과 베이징 조약(1860년)을 맺으면서 반식민지 상황으로 전락했습니다.

일본 역시 서양의 개항 요구에 문을 닫고 버티다가 군함을 앞세운 미국에 굴복해, 미·일 수호 통상 조약(1858년)을 체결하고 개국했습니다. 일본은 메이지 유신(1868년)을 통하여 혁신 정부를 세우고 근대화 정책을 강력하게 추진하여 아시아에서 가장 먼저 근대화에 성공하고, 19세기 말부터는 서양 열강의 뒤를 따라 제국주의 국가의 길을 걷게 됩니다.

반면 19세기 조선은 국왕들이 어린 나이에 즉위하면서 안동 김씨, 풍양 조씨 등 외척들의 세도 정치로 정치가 혼란스러웠습니다. 전정, 군정, 환곡의 문란으로 국가 재정이 어려워져 국가 운영은 엉망이었습니다. 순조 때 일어난 홍경래 난과 철종 때에 집중적으로 발생한 민란으로 사회의 동요도 극심했습니다.

다줄레 섬이 된 울릉도

18세기 후반 이래 조선에도 영국, 프랑스 군함들이 출몰해 제주 해안부터 동해안, 서해안 일대를 측량 탐사하고 통상을 요구했습니다. 조선의 바다에 가장 먼저 나타난 서양 군함은 프랑스의 부솔 호였습니다.

1787년 5월 해군 대령 라페루즈의 지휘 아래 부솔 호는 제주도 해안을 측량한 다음, 동해를 거슬러 올라가다가 또 다른 섬을 발견했습니다. 자기네 지도에는 표시되어 있지 않은 섬이었으므로, 같이 타고 있던 프랑스 육군 사관학교 교수 이름을 따서 '다줄레 섬' 이라고 했습니다. 그 '다줄레 섬' 이 바로 울릉도입니다. 원래 사람이 살고 있던 섬에 자기네 마음대로 새로운 이름을 붙인 것입니다. 원주민이 살고 있던 아메리카 대륙을 아메리고 베스푸치 이름을 따서 '아메리카' 라 부르는 것과 마찬가지입니다.

이런 상황에서 아들을 고종으로 즉위시키고 집권한 흥선대원군은 왕권 강화에 나섰습니다. 흥선대원군은 세도 정치의 폐단을 제거하고 의정부를 부활하고 인재를 골고루 등용하는 등 개혁 정치를 실시하여 통치 체제를 재정비했습니다. 그때 청나라의 수도 베이징이 영국 · 프랑스 연합군에 점령당했다는 소식이 전해지고 곧 조선까지 쳐들어올 것이라는 소문이 퍼졌습니다.

이에 흥선대원군은 통상을 일체 거부하는 정책을 고수하게 됩니다. 그도 처음부터 통상 수교 거부 정책을 쓴 것은 아니었습니다. 처음에는 외국과 사귀는 것도 나쁘지 않다고 생각했고 천주교에 대해서도 관대한 편이었습니다. 그런데 프랑스 선교사들의 알선으로 러시아의 남진을 막으려던 교섭이 실패한 후, 그로 하여금 문을 걸어 잠그게 한 사건들이 잇달아 터지고 말았습니다.

흥선대원군이 집권한 3년 후인 1866년 7월 미국 상선 제너럴 셔먼 호가 대동강을 거슬러 올라와 평양까지 와서 통상을 요구했습니다. 당시 평안도 관찰사였던 박규수는 이현익을 보내 사정을 알아보고 돌아가라고 요구했지만, 제네럴 셔먼 호는 돌아가기는커녕 이현익을 감금하고 총을 쏘면서 약탈을 자행했습니다. 분노한 평양 사람들은 제너럴 셔먼 호를 불태워 버리고 선원들을 몽땅 죽였습니다. 이 사건이 바로 신미양요의 직접적 계기가 됐던 제너럴 셔먼 호 사건입니다.

두 달 뒤에는 프랑스 함대가 강화도에 쳐들어왔습니다. 이전에 프랑스를 통해 러시아의 남진을 막으려던 일이 수포로 돌아가자 흥선대원군이 1866년 1월 프랑스 신부 9명과 2만여 명에 가까운 천주교 신자들을 죽인 일이 있었습니다(병인박해). 그때 살아서 돌아간 프랑스 신부의 보고로 프랑스가 군함 7척에 2000여 명의 군사를 동원해서 강화도를 공격한 것입니다. 그들은 갑곶에 상륙하여 강화읍을 점령하고는 신부와 조선인 천주교 신자 처형에 대해 배상금 지불과 책임자 처벌을 요구하면서, 통상 조약을 맺을 것을 강요했습니다.

서양 오랑캐를 막아라!

이런 프랑스의 침략 행위를 '함포 외교'라고 하는데, 먼저 간 선교사들이 원주민들과 마찰이 일어나 죽으면 그것을 꼬투리 삼아 군함을 끌고 와서 통상을 요구하는 서양 제국주의의 대표적인 침략 형태입니다.

그렇지만 조선은 만만하게 당하고 있지 않았습니다. 문수산성에서는 한성근이, 정족산성에서는 양헌수가 중심이 되어 죽음을 각오하고 프랑스군과 치열한 전투를 벌였습니다. 한양까지 진격하려던 프랑스 군대는 상황이 불리하다고 느껴 철수했는데, 그때 강화도에 있는 무기와 금, 은뿐만 아니라 외규장각에 보관하고 있던 귀중한 책들도 가져갔습니다. 이를 병인양요라고 합니다.

나중에 프랑스는 우리나라가 고속철도를 지을 때 자기네 기술을 선택하면 약탈해 간 외규장각 도서들을 돌려줄 것처럼 말했지만, 고속철도가 건설된 지 한참이 지난 오늘날까지도 이를 돌려주지 않고 있습니다.

병인양요가 있은 지 2년 후 남연군묘 도굴 사건이 벌어졌습니다. 통상을 요구했다가 거절당한 독일 상인 오페르트는 조상 숭배 의식이 높은 조선의 풍습을 이용해 흥선대원군의 아버지 묘인 남연군묘를 도굴해서 남연군의 시체를 앞세워 통상을 강요하려고 했습니다(1868년). 미

리 발각되는 바람에 성공하지 못하고 달아나 버렸지만, 이 사건은 서양인에 대한 혐오감을 강화시켜 흥선대원군의 통상 수교 거부 정책을 더욱 확고하게 만들었습니다.

3년 정도 지난 뒤, 이번에는 미국이 제너럴 셔먼 호 사건을 핑계로 군함 5척에 1200여 명의 군대를 동원하여 강화도를 공격해 왔습니다. 이번에도 흥선대원군은 강력하게 맞서 싸웠습니다. 광성보에서 어재연의 지휘 아래 꼬박 이틀 동안 치열한 전투가 벌어졌는데, 미국의 우수한 무기로 인해 조선 군대는 거의 전멸하고 말았습니다. 광성보를 함락시킨 미국은 조선군의 저항이 예상외로 강하고, 통상 수교를 허용할 것 같지도 않자 결국 철수했습니다. 이를 신미양요라고 합니다(1871년).

프랑스와 미국 함대의 연속적인 침략을 격퇴한 흥선대원군은 외세를 배격하는 정책을 더욱 확고히 해, 서울 종로 거리와 전국 각지에 척화비를 세웠습니다.

척화비에는 다음과 같이 쓰여 있었습니다.

"서양 오랑캐가 침범했을 때 싸우지 않는 것은 곧 화의하는 것이요, 화의를 주장하는 것은 나라를 파는 것이다. 이를 자손만대에 경계하노라. 병인년에 비문을 짓고 신미년에 이 비석을 세운다(洋夷侵犯 非戰則和 主和賣國 戒我萬年子孫 丙寅作 辛未立)."

흥선대원군은 백성들의 지지를 받아 제국주의 국가들의 침략에 맞설 수 있었습니다. '서양 오랑캐'들에 대한 백성의 일치단결된 반 외세 의식이 서양 세력 격퇴에 가장 중요한 힘이었던 것입니다.

자의 반 타의 반의 문호 개방

흥선대원군이 물러나고 고종의 친정이 시작되면서 조선은 개항을 했습니다. 외형상으로는 최초의 근대적 조약이지만, 내용상으로는 불평등 조약이었던 일본과의 강화도 조약이 체결된 것입니다. 이후 제국주의 열강들과 수호 조약을 잇달아 체결하면서 조선은 자의 반 타의 반으로 문호를 개방했습니다.

문호 개방은 근대사상과 서양의 문물제도를 수용하여 새롭게 발전할 수 있는 전환점을 마련했다는 역사적 의의가 있지만, 청과 일본 및 서양 제국주의 열강들의 침략을 가속화시키는 계기가 되기도 했습니다.

개화파는 개항 이후 본격적으로 성장합니다. 대표적인 인물로는 북학파의 거두 박지원의 손자로 평안도 관찰사 시절에 제너럴 셔먼 호를 불태웠던 박규수, 역관으로 청나라에 들어온 서양 문물을 일찍부터 접할 수 있었던 오경석, 의사 출신의 선각자 유홍기, 승려 이동인 등이 있었습니다.

이들은 개화의 선각자들로서 개국의 필요성을 역설하면서 조선의 개혁을 위해 양반 자제들 중에서 뜻을 따르는 사람들에게 개화사상을 전파했습니다. 개화파는 김옥균을 중심으로 왕족, 관리, 군인, 승려, 궁녀에 이르기까지 여러 계층의 사람들을 포섭하여 1870년대 말에는 상당한 정치 세력으로 성장했습니다.

1880년대 접어들어 개화파는 정부 기구 개편 및 시찰단과 유학생의 해외 파견에도 깊이 관여할 정도로 힘이 커졌습니다. 개화 정부에서는 개화 정책을 전담할 기구로 통리기무아문을 설치했고, 신식 군대인 별기군을 창설했으며, 일본과 청, 미국에 사절단을 보내 신식 문물을 배워 오게 했습니다.

그러자 정부의 개화 정책에 반대하는 유생들의 위정척사 운동이 강력하게 전개됐습니다. 서양 문물의 수입으로 생계가 어려워진 도시 빈민층을 중심으로 개화에 대한 반대 여론도 확산 됐습니다. 특히 신식 군대인 별기군에 비하여 차별대우를 심하게 받던 구식 군인들의 불만이 터져 나오면서 임오군란이 일어났습니다(1882년).

민씨 정권의 개화 정책에 대한 불만에서 폭발한 임오군란은 흥선대원군의 재집권으로 연결되는 듯했으나, 민씨 정권의 요청을 받은 청군이 흥선대원군을 청나라로 잡아가면서 진압됐습니다.

임오군란 이후 청나라는 조선 내정에 대한 간섭과 경제 침략을 강화했습니다. 강화도 조약 이후 일본에 넘겨주었던 주도권을 되찾기 위해 본격적인 침략을 감행한 것입니다. 청나라 덕분에 정권을 되찾은 민씨 정권은 청나라의 간섭을 허용할 수밖에 없었습니다.

김옥균의 '3일 천하'

개화파 중에서도 온건파들은 정권을 유지하기 위해 청에 의존하는 민씨 정권과 결탁하면서 급진 개화파에 대해 탄압을 시작했습니다. 이에 반발한 김옥균, 박영효 등 급진 개화 세력은 비밀리에 일본으로부터 군사적 지원을 약속받고 갑신정변을 일으켰습니다(1884년).

급진 개화파들은 청과의 사대 관계 청산과 입헌 군주제를 표방하면서 인민 평등권을 주장했습니다. 우리나라 역사상 처음으로 평등을 지향하면서 위로부터의 개혁을 추진한 개화파 정권은 청나라 군대의 개입으로 3일 만에 무너졌습니다. 이를 '김옥균의 3일 천하'라고 부릅니다.

이들은 혁명을 성공시키기에는 정치 · 군사적 기반이 약했습니다. 혁명을 일으킬 만큼 개화사상이 확산되지 않은 상황에서 일본이라는 외세에 의존했기 때문에 민중의 지지를 받지도 못했습니다. 그럼에도 갑신정변은 근대 국민 국가 건설을 목표로 한 최초의 정치 개혁 운동이라는 역사적 의의를 가지고 있습니다.

개화 정책의 추진에도 불구하고 삼정의 문란, 각종 배상금의 지불, 일본의 경제적 침투 등으로 농민층의 불안과 불만은 확대되어 갔습니다. 정치 · 사회적 의식이 급성장한 농촌 지식인과 농민의 사회변혁 욕구도 점차 높아지고 있었습니다. 때마침 인간 평등과 사회 개혁을 주장한 동학이 삼남 지방을 중심으로 확산되면서 분위기가 심상치 않아집니다.

동학군의 우금치 전투

동학 농민 운동은 전라도 고부 군수 조병갑의 수탈에서 비롯됐습니다. 전봉준을 중심으로 한 농민들은 조병갑의 수탈에 저항해 봉기한 후 보국안민과 제폭구민을 내세우면서 전라도 일대를 장악했습니다. 동학 농민군을 진압할 수 없었던 민씨 정권은 임오군란 때처럼 청나라에게 군대를 보내 줄 것을 요청하는 한편 동학 농민군에게는 전라도에서의 자치권을 허용하는 유화 정책을 실시합니다.

동학 농민군은 정부의 약속을 믿고 전주성에서 정부와 휴전한 후 전라도 일대에 집강소를 설치하고 개혁을 추진해 나갔습니다. 그러나 민씨 정권의 요청으로 청나라가 출병하자, 일본 역시 조선에 출병하면서 조선을 두고 청나라와 일본 간에 국제전이 벌어졌습니다.

청·일 전쟁에서 승리한 일본은 조선 내정에 깊숙하게 간섭하게 됩니다. 동학 농민군은 일본의 내정간섭이 심화되자 외세를 몰아내기 위해 다시 봉기해 서울로 진격했습니다. 그러나 공주 우금치에서 중무기로 무장한 일본군에게 패하고 말았습니다.

갑신정변과 동학 농민 운동 사이에는 10년이라는 시차가 있습니다. 프랑스 혁명에서 볼 수 있듯이 시민 혁명은 엘리트 계층과 민중이 손을 잡아야 성공할 가능성이 큽니다. 그러나 우리나라의 경우에는 엘리

트 계층의 위로부터의 개혁과 동학 농민 운동의 아래로부터의 개혁이 10년이라는 시차를 두고 나타났습니다.

갑신정변 때 급진적 개화파의 14개조 정강이 평등사상을 표방하고 있었음에도, 도시 빈민층들에게는 제대로 알려지지 않았습니다. 또한 농민층의 지지를 얻기 위해서는 토지 개혁에 대한 내용이 있어야 하는데, 그것이 없었기 때문에 호응을 얻지 못했습니다.

이렇듯 갑신정변과 동학 농민 운동이 시기적으로나 내용상으로 일치할 수 없었던 것이 우리나라가 자주적으로 근대화하지 못하고 결국 일본의 식민지로 전락한 하나의 원인이 되었다고 할 수 있습니다.

일본의 간섭을 받은 갑오개혁

갑신정변의 근대적인 개혁 내용을 무시하던 정부도 지속적으로 표출된 농민들의 불만과 개혁 요구까지 무시할 수는 없었습니다. 정부는 교정청을 설치하고 갑신정변과 동학 농민 운동에서 제기된 요구를 받아들여 개혁 정치를 실시하려 했습니다. 그러나 청 · 일 전쟁에서 승리하고 동학 농민군까지 진압한 일본이 조선의 자주적인 개혁을 두 손 놓고 보고만 있지는 않았습니다.

일본은 경복궁을 점령하고 김홍집 내각을 통해 조선에 대한 간섭을 강화했습니다. 일본의 지시를 받은 김홍집 내각은 군국기무처를 설치하고 정치, 경제, 사회 등 국가의 주요 정책을 고치는 갑오개혁을 추진했습니다(1894년).

김홍집 내각은 입헌 군주제를 표방하여 내각의 권한을 강화하고 왕권을 제한했습니다. 신분제를 철폐하고 각종 폐습을 타파했습니다. 특히 사노비의 신분을 해방시켜 노비 제도를 법적으로는 완전히 폐지했습니다. 은본위 화폐 제도와 조세 금납화를 실시하여 근대적인 경제 체제를 확립하기도 했습니다. 고종은 2차 개혁 때 홍범 14조를 반포해 경국대전 체제를 끝내고 근대적 개혁을 추진하려고 노력했습니다.

이때 러시아가 독일, 프랑스를 끌어들여 일본에 압력을 넣었습니다. 이 '삼국간섭'으로 일본의 세력이 상당히 위축됩니다. 이 틈을 타서 명성황후가 러시아의 힘을 빌려 일본을 견제하려고 하자, 일본은 명성황후를 시해하는 을미사변을 일으켰습니다(1895년). 궁에 난입해 왕비를 시해한 을미사변이야말로 일본 제국주의의 파렴치한 모습을 적나라하게 보여준 사건이었습니다.

을미사변 후에 성립된 개화파 정부는 단발령을 실시하는 등 일제의 침략 정책에 발을 맞추었습니다(을미개혁, 1895년). 갑오 · 을미 개혁은 겉으로는 갑신정변과 동학 농민 운동에서 추진했던 개혁 내용을 상당히 반영한 근대 지향적인 개혁을 추구했습니다. 그러나 당시의 가장 절실한 개혁 과제였던 군사 개혁이나 농민들의 숙원이었던 토지 개혁은 거의 실시되지 않아서 백성들의 호응을 얻지는 못했습니다.

특히 세 번에 걸친 개혁이 모두 일본의 통제와 영향 아래에서 이루어졌다는 점에서 근본적인 한계를 안고 있었습니다. 전국의 유생과 농민은 명성황후의 시해와 단발령 실시에 항거하여 대대적으로 의병을 일으켰습니다. 을미의병입니다. 을미의병은 을사조약 이후 벌어진 을사의병과 연결되면서 항일 구국 운동으로 발전했습니다.

독립협회와 대한제국의 대립

갑오 · 을미 개혁의 과격성과 을미사변 등 일본의 침략으로 인해 백성들 사이에 반일 정서가 확산되자 고종은 일본의 간섭을 피해 러시아 공사관으로 피신하고(아관파천, 1896년), 친일 개화파 정부는 붕괴됐습니다. 그러나 아관파천으로 국가의 자주성은 크게 손상됐고, 러시아 공사 베베르의 간계에 의해 광산이나 삼림 등 열강의 이권 침탈은 극심해졌습니다. 이렇게 되자 고종이 환궁하여 자주성을 회복해야 한다는 여론이 고조됐습니다. 고종은 결국 1년 만에 경운궁으로 환궁했습니다.

서재필, 윤치호, 이완용 등은 독립협회를 창립하고(1896년) 〈독립신문〉을 창간해 서구의 자유 민권 사상을 소개하였습니다. 또한 강연회와 토론회를 개최해 근대적 지식과 국권, 민권 사상을 고취시켰습니다. 독립협회 초기에는 관료가 많이 참여했지만 점차 학생, 시민층의 광범위한 참여가 이루어지고 만민공동회가 활발해지면서 진정한 시민 단체로 바뀌어 갔습니다.

관료들이 빠져나가고 시민들의 요구가 만민공동회를 통해 표출되자, 독립협회는 자주 국권, 자유 민권을 목표로 정치 운동을 전개했습니다. 독립협회는 의회 설립과 서구식 입헌 군주제의 실현을 추구했기 때문에 수구적인 보수 세력과 대립하게 됐습니다.

독립협회 활동 기간 중 세워진 대한제국은 "옛 제도를 근본으로 하고 새로운 제도를 참작한다"는 구본신참舊本新參의 개혁 방향을 내세워 군주제를 강화하려는 복고주의가 강했기 때문에 독립협회의 급진적인 주장을 용납할 수 없었습니다. 그래서 정부는 보부상 단체인 황국협회를 동원해 독립협회를 탄압하였고, 결국에는 해체시켰습니다. 독립협회는 3년여 만에 해체됐지만 근대적 개혁을 주창한 우리나라 최초의 시민 단체라는 역사적 의의를 가지고 있습니다.

고종은 아관파천 1년 만에 경운궁으로 환궁하면서, 자주독립의 근대 국가를 세우려는 국민 여론과 일본을 견제하기 위한 국제 여론에 힘입어 대한제국을 수립했습니다(1897년). '왕국'에서 '제국'으로 한 단계 업그레이드하면서 중국의 황제와 동등한 지위를 유지하는 자주 독립국을 천명한 것입니다.

당시 대부분의 제국주의 침략 국가들이 '왕'이라 칭하지 않고 '황

제' 라고 칭하는 시대였기 때문에 이에 걸맞은 국호와 칭호가 필요했습니다. 고종은 황제로 즉위하면서 연호를 광무光武로 정하고, 자주 국가임을 국내외에 반포했습니다. 그래서 이 시기를 광무정권이라고 하며, 이때의 개혁을 광무개혁이라고 합니다.

고종은 구본신참의 원칙을 바탕으로 일종의 헌법인 대한국 국제大韓國 國制를 제정하여 황제의 권한을 강화했습니다. 외견상으로는 자주독립 국가를 주장하는 주체성을 보여주었지만, 내부적으로는 복고주의적 성향을 강하게 나타낸 것입니다. 근대적 국민 국가가 아니라 황제 중심의 절대왕정을 표방한 것입니다.

대한국 국제의 내용을 보면 모든 권력을 국민이 아닌 황제에게 집중시켜 놓고 있습니다. 고종은 세계사의 발전 방향과는 반대의 길을 갔습니다. 대부분의 구미 열강들이 입헌 군주제를 채택하거나 공화정을 채택하여 근대적 사회를 지향하는 상황에서 조선만 거꾸로 갔습니다. 그랬기 때문에 대한제국은 자주 민권을 주장하는 독립협회와 양립하기 어려웠고, 결국 독립협회를 해산시켰던 것입니다.

서양인들은 우리나라에 어떻게 오게 됐나요?

우리나라 주변국인 중국, 일본 혹은 북방 민족을 제외하고 서양인들이 본격적으로 우리나라에 오게 된 것은 조선 시대 후기부터라고 할 수 있습니다.

물론 그전에도 이런저런 이유로 서양인들이 우리나라에 왔던 적은 있습니다. 이슬람인들은 무역을 위해 신라 시대부터 고려 시대까지 우리나라를 왕래했습니다. 대표적인 인물이 처용입니다. 처용가의 주인공인 처용은 바닷가에 떠내려 온 용왕의 아들로 표현됐지만 실제로는 난파한 이슬람 배에서 떠내려 온 사람으로 추정됩니다.

조선 인조 때에 제주도 앞바다에서 난파되어 조선에 귀화해서 여생을 마친 네덜란드인 박연이라는 사람도 있었습니다. 그 사람의 본명은 벨테브레이였습니다. 또 네덜란드 동인도회사 소속 선원으로 일본 나가사키로 가던 도중 일행 36명과 함께 제주도에 표류했던 하멜도 있었습니다. 그는 억류 생활 끝에 탈출하여 네덜란드로 귀국해, 『하멜 표류기』를 써서 우리나라의 지리, 풍속, 정치, 군사, 교육, 교역 등을 유럽에 소개했습니다. 흥선대원군 집권 시절 천주교 포교를 위해 프랑스 신부들이 몰래 들어왔고, 개항 이후에 미국 선교사들을 비롯해 서양인들이 본격적으로 들어왔습니다.

✚ 서양인들과의 빈번한 접촉은 조선 시대 후기부터였습니다.

흥선대원군의 개혁 정치는 왜 실패했나요?

흥선대원군은 안동 김씨의 세도 정치를 무너뜨리고 여러 가지 개혁 정책을 실시했습니다. 그러나 그는 10년 만에 며느리인 명성황후에게 밀려났습니다. 그것은 흥선대원군의 개혁이 미래 발전적인 방향으로 나아가지 못하고 세종 때의 영광만을 생각하면서 과거에 연연했기 때문입니다. 흥선대원군의 목표는 당시 세계적 추세였던 입헌 군주 국가의 수립이 아니라 왕권 강화였습니다.

지금도 과거 박정희 시대의 고도성장 정책으로 돌아가면 경제 성장이 이루어질 것이라고 주장하는 사람들이 있는데, 이런 주장은 흥선대원군의 복고적 개혁에서 보듯이 결코 성공할 수 없습니다.

✚ 진정 국민을 위한 미래 지향적 개혁만이 성공할 수 있습니다.

천주교와 동학은 왜 박해를 당했나요?

조선 후기의 성리학은 다른 사상과 학문에 대하여 배타적인 입장을 취했습니다. 주자를 비난하면 '사문난적'이라는 죄목을 씌어 처형할 정도였습니다. '서학'이라고 불렸던 천주교는 평등사상과 제사 거부라는 문제로 성리학을 침해하는 사상으로 낙인 찍혔고, 동학 역시 평등사상과 조선이 무너지고 새로운 세상이 열린다는 개벽 사상으로 박해를 받았습니다. 서양에서 들어온 선교사와 천주교를 믿는 사람들, 동학을 창시한 최제우와 신도들 모두 혹세무민한다는 죄목으로 처형당했습니다. 두 사상 모두 조선 왕조를 무너뜨리려는 불온한 사상으로 보았던 것입니다.

✚ 성리학은 새로운 사상의 도전을 용납하지 않았습니다. 성리학의 배타성은 위정척사 사상으로 전승됐습니다.

위정척사 사상이란 무엇인가요?

'위정(衛正)'은 '바른 학문(성리학)을 지킨다'는 뜻이고, '척사(斥邪)'는 '나쁜 학문을 배척한다'는 뜻입니다. 위정척사는 조선 후기의 성리학 지상주의가 문호 개방에 대응하는 과정에서 나타난 사상입니다. 전통적인 유생층이 주도한 위정척사 사상은 외세를 배척하는 데 주력하면서 상소를 통해 개화 정책을 적극적으로 반대했습니다.

위정척사는 때로 시대착오적인 행동으로 조선의 발전에 장애가 되기도 했습니다. 그러나 을미·을사·정미 의병에 적극 참여하여 반외세 운동에 앞장서는 등 역사적으로 중요한 역할을 했습니다.

✚ 위정척사 운동은 개화 운동과 대립되는 사상운동입니다.

일본인들이 명성황후를 죽인 이유는 무엇인가요?

조선에서의 주도권을 놓고 청나라와 싸워 이긴 일본은 본격적으로 조선 침략을 감행했습니다. 일본은 갑오개혁을 통해 침략의 교두보를 마련하려고 했습니다. 반면 청나라에 의존하여 일본의 침략을 막으려 했던 명성황후는 청·일 전쟁의 실패로 낙심하고 있었습니다.

일본의 간섭이 본격화되려던 제2차 갑오개혁 때, 마침 러시아가 끼어들어 일본을 견제했습니다. 러시아가 독일과 프랑스를 끌어들여 한반도와 만주 일대에서 세력을 넓히려던 일본을 견제한 것입니다. 이를 '삼국간섭'이라고 합니다. 이에 명성황후는 러시아의 힘을 빌려 일본을 견제하려고 했습니다. 이렇게 되자 일본은 명성황후가 있는 이상 자신들의 야욕을 충족시킬 수 없다고 보고 명성황후를 살해하는 만행을 저지른 것입니다.

✚ 을미사변은 국가가 스스로 지킬 능력이 없을 때 어떤 일이 벌어지는지를 확실하게 보여주는 비극적 사건이었습니다.

무궁화가 나라꽃이 된 것은 언제인가요?
또 태극기를 국기로 사용한 것은 언제인가요?

무궁화는 옛날부터 우리나라 전역에 널리 분포되어 있었습니다. 꽃이 우아하고 피는 기간이 길어서 오랫동안 민족의 사랑을 받아 왔습니다. 일제는 우리의 국권을 탈취한 후 우리 민족이 무궁화를 소중하게 여기는 것을 보고 무궁화나무를 모조리 뽑아 버리는 행패를 부렸습니다. 이때부터 뜻있는 선각자들이 무궁화를 나라꽃으로 여겨 본격적으로 무궁화 심기 운동을 펼쳐 일본 제국주의에 저항했습니다. 나라꽃(國花)으로 공식화된 것은 대한민국 정부 수립 후인 이승만 정부 때부터였습니다.

태극기(太極旗)는 태극과 팔괘(八卦)를 중심으로 구성되어 있습니다. 태극은 우주자연의 궁극적인 생성 원리를 의미합니다. 팔괘는 『주역』에 나오는 것으로 창조적인 우주관을 담고 있습니다.

태극기는 평화, 통일, 창조, 광명, 무궁을 상징하는 깊은 뜻을 담은 국기입니다. 1876년(고종 13년) 일본과 강화도 조약을 맺을 때 일본 사신이 국기를 내걸었는데 당시 조선 사신은 국기가 없어서 내걸지 못했습니다. 이때부터 국기의 필요성이 대두됐습니다. 그 후 충청도 관찰사 이종원이 제출한 태극 팔괘의 도식에 입각해 국기를 정했습니다. 그러나 실제 태극기를 국기로 처음 사용한 것은 1882년 8월 임오군란의 뒤처리를 위해 박영효가 일본에 특파대사로 갈 때였으며, 국내에서 국기로 제정하여 공포 · 사용한 것은 1883년부터입니다.

✚ 우주 생성과 운동의 원리를 국기에 담은 나라는 아마도 우리나라가 유일할 것입니다.

우리 민족은 일제의 국권 침탈에 어떻게 저항했나요?

3 · 1 운동 후 국내외 여러 곳에서 임시 정부들이 수립됐습니다. 연해주의 블라디보스토크에서는 대한 국민 의회라는 임시 정부가 수립됐고, 중국 상하이에서도 임시 정부가 수립됐습니다.

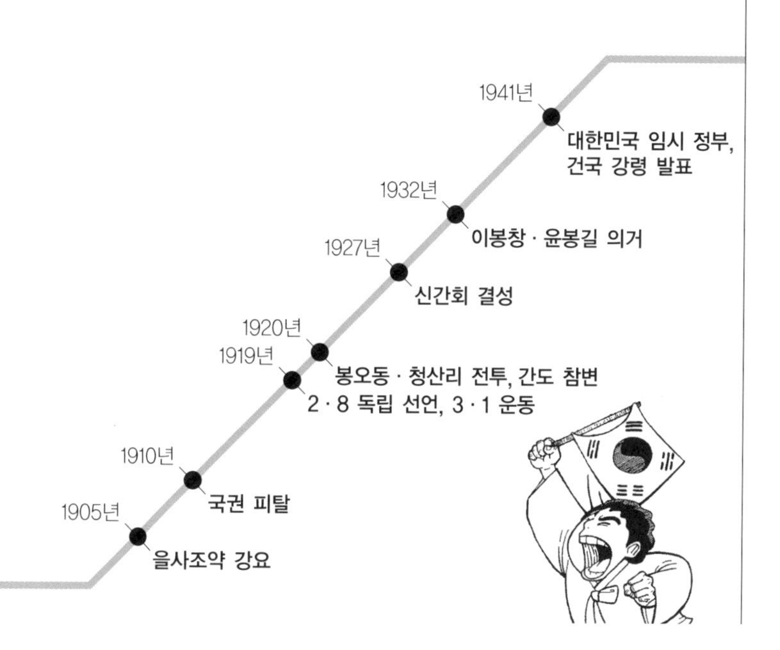

우리 민족은 일제의 국권 침탈에 어떻게 저항했나요?

청 · 일 전쟁에서 승리를 거둔 일본은 러시아를 견제했습니다. 일본은 러시아의 남진을 저지하려는 영국과 손을 잡고 전력을 증강합니다. 제1차 영 · 일 동맹(1902년)이 그것입니다. 영국이 인도를 지배하고 일본이 조선을 장악하는 것을 상호 간에 인정한다는 것이었습니다. 힘을 얻은 일본은 러시아를 선제공격하여 러 · 일 전쟁(1904년)을 일으켰습니다.

강제로 체결된 을사늑약

일본은 조선을 식민지로 삼기 위해 치밀하게 준비했습니다. 일본은 갑신정변 때 조선을 장악하려고 했으나, 청나라와 정면충돌하는 것은 시기상조라고 생각하여 일단 갑신정변 주동자들만 데리고 철수했습니다. 그 후 10년 만에 청나라와 전쟁을 해 승리를 거뒀습니다. 그 후 갑오개혁을 통해 조선을 장악하려던 일본은 러시아가 주도한 삼국간섭으로 다시 조선에서 손을 뗐다가 10년 만에 러 · 일 전쟁을 일으킵니다.

러 · 일 전쟁이 일어나자 대한제국은 국외중립을 선언하고 일본과 러시아 어느 쪽에도 기울지 않는 태도를 보였습니다. 그러나 조선 침략을 위해 치밀한 준비를 해 왔던 일본은 대한제국의 국외중립 선언을 무시하고 한 · 일 의정서를 강제로 체결합니다. 일본이 조선의 모든 지역을 군사적으로 마음대로 사용하겠다는 내용을 포함한 정치적, 군사적 점령이 핵심이었습니다.

러·일 전쟁에서 우세해지자 일본은 제1차 한·일 협약을 체결하여 외교, 재정 등 각 분야에 일본이 추천하는 고문을 두어 한국 내정을 간섭하기 시작했습니다. 대표적인 것이 외교와 정치 분야의 간섭이었습니다. 재정 부분에서는 메가다란 자가 등장하여 화폐 정리 사업을 통해 대한제국의 경제권을 빼앗았습니다. 외교 분야에서는 미국인 스티븐슨을 고문으로 앉혀 놓았는데, 그는 미국 등지에서 일본이 대한제국을 지배하는 것은 당연한 일이라고 떠벌리고 다녔습니다. 스티븐슨의 행태에 격분한 전명운·장인환 의사는 미국에서 스티븐슨을 저격해 죽였습니다.

제1차 한·일 협약으로 인하여 대한제국은 풍전등화의 운명에 처하게 됐습니다. 일본은 미국과는 가쓰라·태프트 밀약을, 영국과는 제2차 영·일 동맹을 맺은 후 러·일 전쟁에서 승리를 거두자 러시아와 포츠머스 조약을 맺어 대한제국에 대한 독점적 지배권을 국제 사회로부터 인정받습니다. 그리고 나서 대한제국의 대신들을 협박해 제2차 한·일 협약(을사조약)을 체결합니다(1905년). 을사조약으로 인해 대한제국은 외교권을 빼앗겼고, 통감부가 설치되어 내정을 간섭받는 보호국이 됐습니다.

우리는 을사조약을 윽박지를 '늑' 자를 써서 '을사늑약' 이라고 부릅니다. 이는 이토 히로부미의 무력시위 속에서 '을사오적' 이라고 불리는 대신들이 조약에 도장을 찍었기 때문입니다. 당시 대신들 대부분이 일본의 무력 앞에서 어쩔 수 없이 도장을 찍었습니다. 이렇듯 조약 체결 과정이 강제적이었던 데다 고종이 끝까지 서명하지 않고 도장도 찍지 않았기 때문에 국제 조약으로 성립될 수 없는 것이었습니다. 그러나 일본은 대신들의 도장만으로도 충분히 효력이 있다고 강변하면서 대한제국을 통치하기 시작했습니다.

헤이그로 간 세 명의 특사

을사늑약이 무효임을 주장하던 고종은 만국평화회의가 열리고 있던 네덜란드 헤이그에 세 명의 특사를 파견했습니다. 당시 의장국이었던 영국은 일본과의 동맹 관계에 따라 고종이 파견한 특사 이준, 이위종, 이상설을 회의장에 입장하지 못하게 방해했습니다. 이 때문에 특사들은 임무를 다하지 못하고 돌아올 수밖에 없었는데, 이준은 헤이그에서 분을 못 이겨 죽었습니다.

일제는 특사 파견을 이유로 고종을 강제로 폐위시키고 순종을 즉위시켰습니다. 이어서 한 · 일 신협약(정미 7조약)을 체결하여 대한제국 정부의 각 부서에 일본인 차관을 배치하여 내정을 장악했습니다. 또 그나마 명맥을 유지해 오던 군대마저 해산한 후 대한제국을 실질적으로 지배합니다(1907년). 일본은 을사늑약을 반대하여 전국적으로 확산됐던 의병들의 저항을 무력으로 진압하고, 사법권과 경찰권마저 빼앗은 후 대한제국을 식민지로 만들었습니다(1910년).

완벽하게 짜인 각본에 의해 대한제국은 일본의 식민지로 전락했습니다. 국제 정세의 변화를 외면하여 근대화에 뒤처졌고, 문호가 개방된 이후에도 제국주의 열강들에 기대어 독립을 유지하고자 했던 대한제국의 실낱같은 희망은 냉엄한 국제 현실 앞에서 힘없이 무너지고 말았습니다. 국제 정세에 대한 정확한 판단과 자주적인 독립국을 지킬 수 있는 실력만이 국가와 민족을 지켜 주는 바탕이 된다는 사실은 옛날이나 지금이나 다름없습니다.

항일 의병 전쟁의 시작

일제가 우리나라 주권을 침탈하자 일본과 을사오적을 규탄하면서 을사늑약의 폐기를 주장하는 조병세, 이상설 등은 상소 운동을 전개했고 나철, 오기호 등은 오적 암살단을 조직해 활동했습니다. 장지연이 신문 논설 '시일야방성대곡'을 게재하는 등 대한제국 각계각층의 항일 운동이 전개됐습니다. 이 중에서도 일본의 침략에 대해 가장 체계적이고 지속적으로 저항한 것이 의병 전쟁과 애국 계몽 운동이었습니다.

의병 전쟁은 가장 강력한 항일 투쟁이었습니다. 최초의 항일 의병은 명성황후 시해와 단발령에 반발하여 일어난 을미의병(1895년)이었습니다. 을미의병은 위정척사 사상을 가진 유생들이 주도하고 일반 농민과 동학 농민군의 잔여 세력이 가담했습니다. 이때까지는 유생들이 주도한 만큼 '존왕양이'를 내세웠습니다. 그래서 을미의병은 아관파천으로 친일 정권이 무너진 뒤, 단발령이 철회되고 국왕의 해산 권고 조칙이 내려지자 대부분 해산하고 말았습니다. 그러나 농민 중 일부는 활빈당을 조직하여 의병의 명맥을 유지했습니다.

'의병 전쟁'으로 부를 수 있는 본격적인 의병 활동은 을사의병(1905년)부터라고 할 수 있습니다. 을사늑약이 체결되자 의병들은 다시 봉기하여 무장 항쟁을 전개했습니다. 을미의병이 명성황후 시해에 대한 복수를 명분으로 내세웠다면, 을사의병은 국권 회복을 명분으로 내세우면서 일본 세력과 친일 관료를 투쟁 대상으로 명확하게 설정했습니다. 을사의병은 기존의 유생 출신 의병장과 함께 평민 의병장들이 등장한 것이 특징이라고 할 수 있습니다.

유생 의병장 최익현은 의병을 이끌고 순창으로 진격해 진위대와 대치했습니다. 이때 그는 왜적이 아닌 동족과는 싸울 수 없다고 하여 부대를 해산시키고 체포당했습니다. 그는 일본군에 의해 쓰시마 섬까지 끌려가 일본인들이 주는 음식을 먹지 않겠다고 버티다가 순절했습니다. 최익현의 행동은 꿋꿋한 절개를 지키면서 일본에 굴복하지 않았다는 점에서 훌륭했습니다. 그러나 진위대와 대치했을 때 같은 동족이라고 의병을 해산한 최익현의 행동은 분명히 근대적 저항 활동은 아니었습니다. 최익현은 유교의 보수적 충의 사상에 머물러 있었던 것입니다.

이 시기에는 평민 의병장의 활동도 눈부셨습니다. 대표적인 인물이 일월산을 거점으로 경상도와 강원도 일대를 넘나들면서 유격 전술을 펼쳤던 신돌석이었습니다.

신돌석은 유생 의병장들과는 달리 반외세뿐만 아니라 반봉건적인 사상도 강하게 가지고 있었습니다. 한때 그를 따르는 의병의 수가 3000명을 넘을 정도였습니다. 명망 높은 유생 의병장도 1000명을 넘기가 힘들었다는 점을 생각하면 평민 의병장에 거는 국민들의 기대가 무척 컸다는 것을 알 수 있습니다.

고종의 강제 퇴위와 군대 해산을 계기로 의병 전쟁은 더욱 활발하게 전개됐습니다(정미의병, 1907년). 해산당한 군인들이 의병에 합세하면서 의병의 전투력이 강화됐고, 전술도 다양해지고 항쟁도 체계적으로 전개됐습니다. 활동 영역도 점차 간도와 연해주 등 국외로까지 확대됐습니다. 그러나 일본 정규군의 화력에 비해서는 절대적으로 열세였기 때문에 전면전을 전개하지는 못했습니다. 또 때로는 양반 의병장과 평민 의병장 간에 갈등이 빚어지기도 했습니다.

흩어져 활동하고 있던 의병들은 1908년 13도 창의군을 결성하고 서울 진공 작전을 펼쳤지만 일본군의 완강한 저항으로 실패하고 말았습니다. 일본은 의병 활동을 뿌리 뽑기 위해 '남한 대토벌' 작전을 펼쳤는데 이로 인해 의병들은 소규모 유격전을 전개하다 일부는 만주와 연해주로 건너가 독립군을 형성했습니다.

충북 제천에 있는 의병 기념관에는 이런 글이 있습니다.

> 내가 제천에 이르렀을 때는 햇살이 뜨거운 초여름이었다. 마을이 내려다보이는 언덕 위 제천 시내 한가운데 아사봉에는 펄럭이는 일장기가 밝은 햇살 아래 선명하게 보였고 일본군 보초의 총검 또한 빛났다. 나는 말에서 내려 잿더미 위를 걸어서 시내로 들어갔다. 이렇게까지 완벽하게 파괴된 것을 이전에 본 일이 없었다. 한 달 전까지만 해도 번화했던 거리였는데 그것이 지금은 시커먼 잿더미와 타

다 남은 것들만이 쌓여 있을 따름이었다. 완전한 벽 하나, 기둥 하나, 된장 항아리 하나 남아 있지 않았다. 이제 제천은 지도 위에서 싹 지워져 버리고 말았다.

–영국 〈데일리 메일*Daily Mail*〉 기자였던 매켄지가 쓴 『조선의 비극』 중에서

매켄지가 이 글은 쓴 때는 1907년이었습니다. 제천은 100년 이상 된 건물이 한 채도 없습니다. 이때 전부 파괴됐기 때문입니다. 일본군의 토벌 작전은 이처럼 무자비했습니다.

의병 전쟁은 일본의 침략에 대항한 대표적인 구국 활동이었습니다. 일본군의 무력에 비해 상대가 되지 않는 무모한 투쟁이었다는 시각도 있지만 우리 민족의 독립 정신과 강인한 저항 정신을 표출했다는 점과 나라를 빼앗긴 이후에도 무장 독립 투쟁을 전개할 수 있는 독립 투쟁 기반을 마련했다는 점에서 역사적 의의가 크다고 하겠습니다.

또 다른 투쟁 방법으로 애국 계몽 운동을 들 수 있습니다. 이 운동은 우리가 근대 문명을 깨우치지 못하여 일본에 굴욕을 당했다는 반성 위에 경제와 교육의 근대화를 통해 부국강병을 추구하는 운동이었습니다. 개화 지식인들은 계몽 단체들을 설립하여 친일 단체인 일진회에 대항해 구국 민족 운동을 전개했습니다. 초기에는 일본의 황무지 개간권 요구를 좌절시킨 보안회와 입헌 정치 체제의 수립을 목적으로 설립된 헌정연구회의 활동이 두드러졌습니다.

을사늑약 이후에는 교육 진흥, 산업 개발 등 실력 양성에 의한 국권 회복 운동을 전개한 대한자강회와 그 뒤를 이어 설립된 대한협회가 활

발히 활동했습니다. 대한자강회는 일제가 헤이그 특사 파견을 구실로 고종 황제의 양위를 강요하자 격렬한 반대 운동을 주도하다가 해체됐습니다.

최고의 비밀 조직 신민회

애국 계몽 운동의 백미는 신민회라고 할 수 있습니다. 애국 계몽 운동에는 사회 진화론도 영향을 미쳤습니다. 사회 진화론은 다윈의 진화론에서 영향을 받아 인간 사회도 동물의 세계처럼 약육강식과 적자생존의 원칙에 따라 움직인다고 봤습니다.

우리나라 애국 계몽 운동가들도 사회 진화론을 바탕으로 우리나라도 서양이나 일본처럼 교육 개발과 산업 진흥을 통하여 강대국이 되자는 논리를 전개했습니다. 그러나 우리가 일본을 따라갈 수 없게 되자 일부 애국 계몽 운동가들은 자포자기해서 일본의 식민지가 되는 것을 받아들이자고 했습니다. 애국 계몽 운동가 중에서 친일파로 변절한 사람들이 많은 것도 이런 이유 때문입니다. 애국 계몽 운동가 중에는 의병 전쟁에 대해 냉소적이고 비판적인 입장을 취한 사람도 많았습니다. 이러한 문제를 극복한 애국 계몽 운동 단체가 바로 신민회였습니다.

신민회는 국권 회복과 공화 정치 체제의 국민 국가 건설을 목표로 한 비밀 항일 조직이었습니다. 표면적으로는 문화적 · 경제적 실력 양성 운동을 전개한다고 했지만, 실질적으로는 군사적 실력 양성 운동까지 겸비한 항일 독립 단체로 발전했습니다. 대부분의 애국 계몽 운동 단체들이 무력 투쟁을 비판한 반면, 신민회는 무력 투쟁까지 염두에 두고 만주에 독립군 군사기지를 건설하려고 노력하면서 실력 양성 운동을 전개했습니다.

일본에 눈엣가시 같은 존재였기 때문에 신민회는 '105인 사건'으로 강제로 해체당했습니다. 국권 피탈 직후 안중근의 사촌 동생 안명근이 평안북도에 들어와 군자금 모금 운동을 하다가 발각됐습니다. 일제는 마침 이때 초대 총독 데라우치가 압록강 철교 개통식에 참석하기 위해 이 지역을 지나간 것을 이용했습니다. 안중근이 이토 히로부미를 암살했으므로 안명근도 데라우치를 암살하려 했다고 사건을 조작하고, 이를 도와준 것이 신민회라고 누명을 씌운 것입니다.

일제는 전국의 신민회 간부 600여 명을 체포하여 고문하고 그중 105명을 재판하여 처벌했습니다. 이 사건으로 신민회는 해체되고 말았습니다. 그러나 이 사건은 일본의 재판 기록에서도 알 수 있듯이 증거가 불충분하다고 지적되어 신민회 관계자들은 대부분 1~2년 안에 풀려 나왔습니다.

독도의 시마네 현 강제 편입

일본은 러·일 전쟁 중에 군사적으로 대한제국을 점령하고 울릉도에 딸린 섬이었던 독도를 시마네 현에 편입했습니다(1905년 2월). 이런 사실은 1년 뒤에야 대한제국 정부에 알려졌는데 대한제국 정부는 당연히 인정하지 않았습니다. 독도는 6세기 신라 지증왕이 우산국을 정벌한 때부터 우리나라의 영토였습니다. 일본의 영토 편입 이전까지 전 세계의 지도 및 우리나라와 일본의 지도와 기록에서도 이 사실을 확인

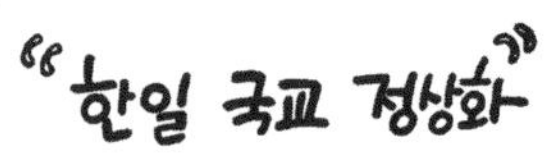

할 수 있습니다. 그러나 을사늑약으로 국가의 주권이 무너진 상태에서 우리는 별다른 항의조차 하지 못했습니다.

그런데 일본은 왜 독도를 자신들의 영토에 강제 편입시킬 만큼 욕심을 부린 걸까요? 그 이유는 독도 주변의 무궁무진한 해양 자원 때문입니다. 여기에 러시아를 견제하려는 군사적, 정치적 목적까지 더해졌기 때문에 기를 쓰고 독도를 차지하려고 했던 것입니다.

일본은 심지어 동해를 일본해로 바꾸어 놓기까지 했습니다. 광복 후 한 · 일 국교 정상화를 추진하는 과정에서 박정희 정부는 큰 잘못을 저질렀습니다. 박정희 정부는 경제 개발 계획을 추진하기 위해 많은 자금이 필요했는데, 일본으로부터 3억 달러의 지원금과 3억 달러의 차관을 받기 위해 전 국민의 반대를 무릅쓰고 한 · 일 국교 정상화를 추진했습니다.

이때 일본이 내건 조건이 식민지 지배에 대해 사과하지 않는 것과 독도를 '돌려 달라' 는 것이었습니다. 식민지 지배를 사과하지 않는 것도 받아들이기 힘든데, 독도를 '돌려 달라' 니요? 그러나 당장 자금이 필요했던 박정희 정부는 사과하지 않는다는 조건은 받아들이고 독도 문제는 나중에 거론하기로 했습니다.

바로 그 유명한 김종필-오오히라 메모의 내용입니다. 한 · 일 간의 적대적 역사 때문에 정상적인 외교로는 국교 정상화가 이루어지지 않자, 5 · 16 군사 정변의 중심 인물이었으며 당시 중앙정보부 부장이었던 김종필이 일본으로 건너가 요정 밀실에서 오오히라와 타협했던 것입니다. 외교부 장관도 아닌 중앙정보부장이 국가 간의 외교 관계를 요정에서 타결했다는 것은 국가의 자존심을 팔아먹는 행위였습니다.

나중에 정식 외교 관계로 포장했지만 실상은 밀실 외교였다는 역사적 오명을 벗을 수가 없는 것입니다. 강화도 조약 이후 우리나라가 외국과 조약을 맺을 때마다 지배 세력의 욕심과 무지로 인해 생긴 문제가 매우 많았는데, 한 · 일 국교 정상화 역시 그런 조약의 하나였습니다.

간도를 남만주 철도 부설권과 맞바꾼 일제

대한제국 시기에 영토에 관한 또 하나의 문제가 발생했습니다. 바로 간도 문제입니다. 우리가 '간도' 라고 부르는 지역은 북간도를 의미하는 것으로 백두산 동북쪽의 만주 지역을 가리키는데, 현재의 연길 지역 일대입니다. 간도는 고구려와 발해의 옛 영토입니다. 중국은 발해가 멸망한 이후부터 이곳이 자기네 땅이었다고 주장하였습니다. 이 지역에 살던 여진족이 청나라를 세워 중국에 흡수됐기 때문에 중국의 영토라는 것입니다.

청나라는 만주를 건국의 발상지라고 해서 조선인들의 출입을 엄격하게 금지시켰습니다. 그러나 19세기 후반 들어 생활이 어려운 조선인들이 간도로 이주하여 생활의 터전을 마련할 때 별다른 제재를 가하지 않았습니다. 그러던 청나라가 간도 개간 사업을 구실로 조선인들의 철수를 요구하면서 간도 문제가 수면으로 떠오르게 됐습니다. 이때 문제가 된 것이 숙종 때 세운 백두산정계비였습니다.

백두산정계비의 비문 내용 중 "동쪽으로는 토문강을 경계로 한다"에서 토문강의 위치를 어디로 보느냐는 것이 관건이었습니다. 청나라 측은 '토문강'의 발음이 '두만강'과 비슷하다고 하여 두만강이라고

주장했고, 조선 측은 토문강이 실제로 송화강 상류에 있는 강이므로 간도 지역이 우리의 영토라고 주장했습니다.

이렇게 서로 팽팽하게 대립하는 중에 대한제국 정부는 이 지역의 우리 민족을 관리하기 위해 '북변도 관리'라고 하는 간도 관리사를 파견하고, 이를 대한제국 주재 청국 공사에게 통고하여 우리의 영토임을 주장했습니다(1902년). 을사늑약 체결 이후 통감부를 설치한 일본도 간도에 통감부 출장소를 설치하여 간도가 우리의 영토임을 인정했습니다. 그러나 일본은 남만주의 철도 부설권을 얻는 대가로 청나라와 간도 협약(1909년)을 맺어 청나라의 영토로 인정하고 말았습니다. 강제로 외교권을 빼앗긴 대가 중의 하나가 바로 간도의 손실이었던 것입니다.

을사늑약 자체가 무효였기 때문에 을사늑약으로 인한 외교권 박탈로 청 · 일 간에 맺어진 간도 협약 역시 무효입니다. 이런 문제점 때문에 중국은 앞으로 일어날지도 모르는 간도 분쟁을 염두에 두고, 고조선, 고구려, 발해의 역사까지도 중국 역사에 편입시키기 위해 '동북공정'이라는 역사 왜곡을 조직적으로 추진하고 있는 것입니다.

총독부에 의한 무단 통치

우리나라를 근대화시키고 서양 제국주의 열강의 침략으로부터 보호해 준다는 명목으로 우리나라를 식민지로 삼은 일본 제국주의는 우리 민족을 철저하게 수탈했습니다. 일제는 우리의 국권을 강탈한 후 식민 통치의 중추 기관인 조선총독부를 설치하고 무단 통치를 실시했습니다.

일본군 현역 대장 중에서 임명된 조선총독은 일본 국왕에 직속되어 있어서 일본 내각의 통제도 받지 않으면서 조선에 대한 입법 · 사법 · 행정권은 물론 군대 통수권까지 포함한 절대 권력을 행사했습니다. 전제 군주보다 더 막강한 권력을 가진 총독은 일본군 2개 사단과 2만여 명이 넘는 헌병, 경찰, 보조원을 거느리고 강력한 무단 통치를 실시했습니다.

이 시기에 일본은 헌병 경찰 제도를 실시했는데, 헌병으로 하여금 군사 경찰로서의 역할뿐만 아니라, 치안 유지를 위한 경찰 행정도 담당하게 하는 제도였습니다. 이 제도에 의거하여 전국에 헌병 경찰 기관을 설치하고 우리 민족을 빈틈없이 감시하고 통제했습니다.

헌병 경찰은 치안 행정보다는 첩보 수집, 의병 토벌, 독립운동가 색출에 주력했고, 검찰 사무의 대리, 민사 소송의 조정, 삼림 · 호적 · 여권 · 우편 업무 외에도 일본어 보급 등 식민 통치에 필요한 모든 업무를 수행했습니다. 이들에게는 재판 없이 3개월 이하의 징역, 또는 구류 처분과 100원 이하의 벌금에 처할 수 있는 즉결 처분권이 주어졌고 자의적 판단으로 태형을 실시할 수도 있었습니다. 한마디로 독립운동을 하는 우리 민족을 마음 놓고 매질하면서 탄압할 수 있었습니다. 일제는 전국 곳곳에 경찰 관서와 헌병 기관을 거미줄처럼 설치하여 우리 민족을 철저하게 감시했습니다.

겉 다르고 속 다른 '문화 통치'

일본의 무단 통치에도 불구하고 우리 민족은 3 · 1 운동을 통해 민

족의 기개를 보여 주었습니다. 우리 민족의 거족적 독립운동에 놀란 일본은 통치 방식을 바꾸었습니다. 우리 민족이 결코 폭력에 굴복하지 않는 민족이라는 것을 깨달은 것이었습니다.

일본은 무단 통치 대신 이른바 '문화 통치'라는 새로운 지배 정책으로 전환하면서 총독도 해군 대장 출신인 사이토 마코토로 바꾸었습니다. 새 총독인 사이토는 문화 창달과 민력 증진을 도모하겠다고 하면서 언론 · 출판 · 집회 · 결사의 자유를 허용하고, 우리 민족이 발행하는 한글 신문을 허용했습니다. 무단 통치와 비교해 보면 상당한 자유를 허용하는 것처럼 보였습니다.

일본이 노리는 것이 바로 그것이었습니다. 3 · 1 운동을 폭력적으로 진압한 일본은 국제 사회로부터 강하게 비판을 받았고, 우리 민족의 만세 운동에 놀란 상황이었습니다. 따라서 어떻게든지 국제 여론을 돌려놓고 우리 민족의 불만을 달래기 위해 기만적인 술책을 썼던 것입니다.

헌병 경찰제를 보통 경찰제로 바꾸어 경찰 업무와 헌병 업무를 분리했지만, 오히려 경찰의 수와 장비가 몇 배 늘어나면서 독립운동에 대한 탄압과 감시는 더욱 강화됐습니다. 반제국주의와 독립사상에 영향을 끼친 사회주의 사상을 탄압하기 위해 1925년에는 치안 유지법을 제정했습니다. 이 법으로 인해 사회주의자들뿐만 아니라 민족주의 독립운동가들도 많은 어려움을 겪었습니다.

일본은 일부 지방 제도를 개정하고 도와 부 · 면 단위까지 협의회를 만들고 선거제를 도입해 지방 자치권을 부여하겠다고 선전했습니다. 그러나 극히 일부 지역의 상층 자산가나 친일파에게만 선거권을 주었을 뿐, 나머지 대부분 지역에서는 임명제가 실시됐습니다. 이 협의회들은 실질적인 권한이 없는 자문 기관에 불과했습니다.

일본은 조선인의 교육열을 무마하기 위해서 제2차 조선 교육령(1922년)을 발표하고 일본인과 우리 민족을 동등하게 교육시키겠다고 했습니다. 경성제국대학(1924년)을 설립하여 정원의 약 3분의 1을 우리 민족에게 할당하고 초등 교육과 실업 교육을 강화하기도 했습니다. 그러나 1920년대 말 실제로 보통학교에 취학할 수 있었던 우리 민족의 아동은 약 18%에 불과할 뿐이었습니다.

일본이 펼쳤던 이른바 문화 통치는 무단 통치에 대한 우리 민족의 반발이 심해지자, 친일파를 증가시키고 우리 민족을 이간질하기 위한 '겉 다르고 속 다른' 통치 방법이었습니다.

일본의 문화 통치 방식은 상당한 효과를 거뒀습니다. 애국 계몽 운동 계열의 독립운동가 중에서 상당수가 일본의 농간에 넘어가 독립이

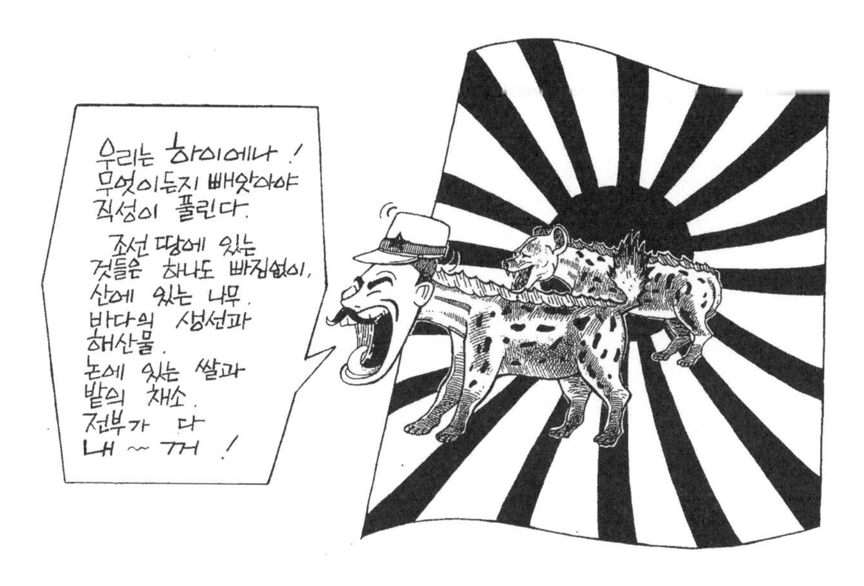

아닌 자치를 외쳤습니다. 일본은 우리 민족에게 자치를 준다고 회유하면서 변절하는 사람들에게 대가를 지불했고 여기에 맛을 들인 사람들이 친일파로 변절했습니다.

일본의 조선인 동화 정책

1930년대에 접어들면 일제의 통치 방식이 다시 강경해집니다. 일본은 1931년에 만주 침략을, 1937년에는 대륙 침략을 본격화했고, 1941년에는 태평양 전쟁을 일으켰습니다. 침략 전쟁을 수행하기 위한 인적 · 물적 자원의 수탈도 극대화됩니다. 일본은 1938년 국가 총동원법을 만들어 전시 통제 체제를 강화하고, "조선인과 일본인은 하나"라는 '내선일체內鮮一體론'을 내세워 우리 민족을 침략 전쟁에 조직적이고 체계적으로 내몰았습니다.

일본은 군대와 경찰력을 강화하여 항일 운동이나 저항 활동을 철저하게 봉쇄했으며, 우리 민족의 역사와 문화를 말살하여 우리 민족을 일본의 신민臣民으로 만들기 위한 황국 신민화 정책을 추진했습니다. 〈조선일보〉, 〈동아일보〉를 폐간하고 집회 · 결사도 허가제로 바꿨습니다. 우리말 사용을 완전히 금지하고 일본말을 국어로 사용하게 했으며, 성과 이름까지도 일본식으로 바꿀 것을 강요했습니다. 일본 신을 믿는 신사 참배나 12시에 일본 궁궐을 향해 절을 하는 궁성 요배를 강요했으며, 황국 신민 서사를 외우게 하는 등 우리 민족의 정신까지 말살하려고 했습니다.

일본이 우리나라를 근대화시키기 위해 식민지로 삼았다는 선전은 허울 좋은 거짓말이었고, 우리 민족을 철저하게 수탈하기 위한 핑계에 불과했습니다.

윌슨의 민족 자결주의

1910년 일본에 국권을 빼앗긴 이후에도 우리 민족은 독립을 되찾기 위해 끈질기게 노력했습니다. 일본 헌병 경찰의 탄압 속에서도 비밀 결사에 의한 항일 의병 운동을 지속적으로 전개했습니다. 국외에서도 많은 민족 운동가들이 독립운동 기지를 건설하기 위해 노력했습니다.

대표적으로 서간도, 북간도 및 러시아의 연해주 지역을 꼽을 수 있습니다. 특히 1911년에 해체된 신민회는 서간도에 독립군 기지를 건설하고 무관학교를 설립하는 등 독립군 양성에 주력했습니다. 연해주나 중국 본토, 미주 등지에서도 독자적으로 세력을 결집하고 단체를 조직하여 국내와 연락하면서 독립운동을 전개했습니다.

1918년 11월 제1차 세계 대전이 끝나면서 국내외에서 활동하던 독립운동가들은 우리나라도 독립할 좋은 기회가 왔다고 생각했습니다. 종전 문제를 처리하기 위해 파리 강화 회의가 개최됐는데, 이 회의에서 미국 대통령 윌슨은 민족 자결주의를 제창했습니다.

윌슨의 민족 자결주의는 패전국 식민지에만 적용됐지만, 국내외 각지에서 활동하던 독립운동가들은 이를 우리 민족이 독립할 기회로 활용하고자 했습니다. 1918년 중국 상하이에서 신한청년당이 독립 청원서를 미국 윌슨 대통령에게 전달했고, 다음해에는 김규식을 파리 강화 회의에 대표로 파견했습니다. 미주 지역에서도 대한인 국민회에서 이승만을 파리 강화 회의에 파견하기로 결의했고, 이승만은 미국 대통령에게 청원서를 제출했습니다. 연해주 지역에서는 윤해와 고창일을 대표로 선정하여 파리 강화 회의에 파견했습니다.

국내에서도 독립운동을 활발하게 추진했습니다. 손병희, 최린 등 천도교 인사들과 이승훈 등 기독교 인사들이 우리 민족의 독립 의사를 전 세계에 알리기 위한 선언서와 시위운동을 준비하기 시작한 것입니다.

독립운동을 준비하던 중인 1919년 1월 고종 황제가 갑자기 사망했습니다. 고종 황제의 갑작스러운 죽음은 식민 통치에 대한 불만에 불을 붙이는 결과를 가져왔습니다. 일본에서 유학생들이 2 · 8 독립 선언을 먼저 발표했습니다. 만주 길림에서도 독립운동가 39명의 이름으로 대한 독립 선언이 발표됐습니다. 국내에서는 종교계 인사들을 중심으로 독립 선언과 독립 청원을 병행하기로 하고, 대중화, 일원화, 비폭력의 3원칙 아래 시위운동을 전개하기로 했습니다. 독자적으로 독립운동을 준비하던 전문학교 학생들도 합류함으로써 거족적인 독립운동이 준비됐습니다.

200만 명 넘게 참가한 대규모 만세 시위

1919년 3월 1일 오후 2시 종교계 지도자 33인 중 29인이 태화관에 모여 독립 선언서를 읽고 한용운의 연설에 이어 만세 삼창을 한 후, 일본 경찰에게 연행됐습니다. 탑골공원에서는 수천 명의 시민과 학생들이 모여 독립 선언식을 거행한 후, 만세 시위에 들어갔습니다.

3 · 1 만세 시위는 곧 지방 도시로 확산돼 농촌에까지 급속도로 전파됐습니다. 3월 하순과 4월 초순 사이에는 전국 각지에서 동시다발적으로 격렬한 시위운동이 전개되어 독립운동이 최고조에 달했습니다.

3 · 1 운동은 계획 단계에서는 종교계 지도자들이 주도했지만, 전개 과정에서는 학생을 비롯한 상인, 농민, 노동자들의 역할이 컸습니다. 1919년 5월까지 3개월 동안 집회 횟수는 2000여 회에 달했으며, 참가한 인원이 200만 명을 넘었고, 전국 232개 부 · 군 중 229개 부 · 군에서 시위가 일어났습니다. 한마디로 거국적이고 거족적인 독립운동이었습니다.

3 · 1 운동은 평화적인 시위운동으로 전개됐습니다. 그러나 평화적 시위운동에 대하여 일본은 헌병과 경찰 이외에 육 · 해군까지 동원해 시위 군중에게 총을 쏘는 만행을 저질렀습니다. 수원 제암리에서는 교회 안에 수십 명의 주민과 여성, 어린이를 감금해 놓고 불을 지른 후 총

을 쏘는 등 참혹한 짓도 서슴지 않았습니다. 시위 군중은 일본의 야만적인 탄압에 분개하여 점차 무장을 갖추고, 경찰 주재소나 헌병 분견소 등을 습격하는 등 일제의 폭력에 대항했습니다.

국내에서 시작된 3 · 1 운동은 만주, 연해주 등 우리 민족이 사는 곳이면 어느 곳에서나 일어났습니다. 미주 지역과 2 · 8 독립 선언이 있었던 일본에서도 다시 시위운동이 일어날 정도였습니다. 3 · 1 운동은 우리 민족은 물론 전 세계에 큰 영향을 주었습니다. 3 · 1 운동의 의의는 다음과 같습니다.

첫째, 우리 민족에게 독립에 대한 강한 희망과 자신감을 심어 주고 우리 민족의 독립 의지를 전 세계에 알렸습니다.

둘째, 3 · 1 운동을 통해 독립운동의 참여 주체와 기반이 확대됐습니다. 특별한 사람만이 독립운동을 하는 것이 아니라 신분, 계급, 남녀노소의 차별 없이 모든 계층이 독립운동에 참여할 수 있는 길을 열어 놓았습니다.

셋째, 3 · 1 운동을 계기로 민주주의와 자유주의 그리고 민주 공화국에 대한 이해의 폭이 넓어졌으며, 사회주의까지 수용되면서 다양한 독립운동 방법론이 제시됐습니다.

넷째, 대한민국 임시 정부 수립의 결정적 계기가 됐습니다. 거족적인 만세 운동을 계기로 여러 세력으로 나누어져 있던 독립운동가들이 하나의 임시 정부로 모이게 되었습니다. 이때 수립된 대한민국 임시 정부는 광복 때까지 민족의 대표 기구로서 독립운동의 중추적 역할을 담당했습니다.

다섯째, 일본이 무단 통치를 포기하고 이른바 문화 통치로 전환하는 계기가 됐습니다. 우리 민족은 무력으로 통치할 수 있는 민족이 아니라는 사실을 일제로 하여금 깨닫게 한 것입니다.

여섯째, 세계사에도 많은 영향을 끼쳤습니다. 3 · 1 운동은 중국의 5 · 4 운동, 인도의 비폭력 · 무저항 운동 등에 큰 영향을 끼쳤습니다.

3 · 1운동에는 한계도 있었습니다. 윌슨이 제창한 민족 자결주의의 적용 대상에 대한 인식이 부족했습니다. 일본 경찰의 취조 내용을 보면 민족 자결주의가 승전국 일본의 식민지인 우리나라에는 적용되지 않는다는 것을 제대로 인식한 사람이 많지 않았다는 것이 드러납니다. 일본과 국제 정세에 대한 무지도 문제점으로 지적할 수 있습니다. 만

세 운동을 통해 일본의 태도를 바꿀 수도 있을 것이라는 막연한 기대와 미국을 비롯한 서양 제국주의 국가들의 도움이 있으리라는 기대를 했던 것도 제국주의의 본질을 제대로 인식하지 못하고 있었다는 증거입니다.

대중화를 외쳤으면서도 대중들 앞에서 독립 선언을 하지 않고 태화관에서 자기들끼리 모여 독립 선언을 하고 일본 경찰에게 자진 체포된 것도 한계로 지적되어야 할 것 같습니다. 대중화를 외쳤다면 민족 지도자들이 탑골공원에서 대중들과 함께 독립 선언을 해야 했습니다.

한 가지 중요한 것은 3·1 만세 운동에서 학생들이 중추적 역할을 담당했다는 사실입니다. 이러한 전통은 6·10 만세 운동(1926년)이나 광주 학생 항일 운동(1929년)에서도 이어지며, 광복 후 민주화 운동 전개 과정에서도 그대로 이어져 4·19 혁명(1960년), 6월 민주 항쟁(1987년) 등에서 다시 나타나게 됩니다.

민주 공화제를 기반으로 한 임시 정부

3·1 운동 후 국내외 여러 곳에서 임시 정부들이 수립됐습니다. 연해주의 블라디보스토크에서는 대한 국민 의회라는 임시 정부가 수립됐고, 중국 상하이에서도 임시 정부가 수립됐습니다.

국내에서는 13도 대표로 조직된 국민 대회에서 한성 임시 정부를 수립했습니다. 그러나 임시 정부가 갈라져서 조직적이고 체계적인 독립운동이 전개되지 못하자, 통합을 추진하게 됐습니다. 통합 과정에서 가장 첨예하게 대립한 문제는 임시 정부의 위치였습니다.

무장 투쟁을 강조하던 만주 · 연해주 지역의 독립투사들은 임시 정부를 만주 부근에 설치하자고 주장했습니다. 외교론 중심의 독립 인사들은 외국 공관이 많고 일본의 간섭이 적었던 상하이 지역에 설치하자고 주장했습니다. 결국 국내에서 수립된 한성 정부의 정통성을 바탕으로 상하이에 임시 정부를 설치하는 것으로 결정됐습니다.

세 임시 정부의 공통된 특징은 민주 공화제를 기반으로 하고 있다는 것이었습니다. 통합된 대한민국 임시 정부는 오랜 왕정을 폐지하고 우리나라 최초로 민주 공화제 정부를 수립했습니다. 임시 정부는 대통령 중심제와 의원 내각제를 절충한 대통령제를 채택했고, 국민의 기본 권리와 의무를 규정했으며, 입법권, 행정권, 사법권을 독립시켜 삼권 분립 체제를 마련했습니다. 임시 정부의 수립은 우리나라가 전제 군주제에서 민주 공화제 국가로, 군주 주권에서 국민 주권 국가로 전환하는 계기가 됐습니다.

민족의 대표적인 독립운동 기구로서 대한민국 임시 정부는 광복을 위해 다음과 같은 독립 방안을 실시했습니다.

첫째, 국내의 국민과 연계를 맺기 위해 행정망을 조직한 연통제와 국내와의 교통, 통신 연락을 위한 교통국을 설치했습니다. 압록강 건너 안동에 있는 이륭양행 등에서 모은 군자금을 교통국이나 연통제를 이용하여 상하이에 전달하게 했습니다.

둘째, 독립 자금을 체계적으로 모으기 위해 1인당 1원씩의 인구세를 거두는 한편, 독립 공채를 발행하여 군자금을 확보했습니다.

셋째, 독립 전쟁을 수행한다는 목표 아래 서간도, 북간도, 연해주를 3개의 군사 지역으로 나누어 독립군을 편성하고, 이미 조직되어 활동하고 있던 독립군 부대들을 임시 정부 산하로 편입시켰습니다. 직접 군사 간부를 육성하기 위해 군무부 산하에 육군 무관학교를 설립 · 운영했습니다.

넷째, 외교 활동에도 주력하여 파리 강화 회의에 파견됐던 신한청년당의 김규식을 외무총장에 선임하고 임시 정부를 대표하여 활동하도록 했습니다. 김규식은 국제 연맹, 워싱턴 회의 등의 국제기구와 각종 회의에 참석하여 우리 민족의 독립 의지를 전달했습니다. 특히 미국에는 구미위원부를 설치하여 외교 활동에 주력했습니다.

얼마 되지 않아 대한민국 임시 정부의 활동이 위축되어 갔습니다. 연통제와 교통국의 조직망이 일본 경찰들에게 발각되고 관련 인물들이 체포되면서 국내와의 연계가 단절됐던 것입니다. 대한민국 임시 정부가 위축되자 독립운동 방략에 대한 의견 대립이 다시 수면 위로 떠올랐습니다.

가장 대표적인 것이 무장 투쟁론과 외교론의 대립이었습니다. 이 대립은 임시 정부의 위치 문제와 더불어 연해주, 만주 위주의 무장 투쟁 방략과 상하이 위주의 외교 독립 방략간의 의견 대립을 더욱 격화시켰습니다. 또한 사회주의 이념이 전 세계적으로 확산되면서 민족주의와의 이념적 갈등까지 겹쳐 대한민국 임시 정부는 일관된 독립운동을 전개하기 어렵게 됐습니다.

전환점이 된 이봉창 · 윤봉길 의거

대한민국 임시 정부가 독립운동을 총괄해 나갈 최고 기구로서의 역할을 제대로 수행하지 못하자, 국내외 독립운동 단체들 사이에서는 독립운동의 새로운 활로를 모색해야 한다는 논의가 일어났습니다.

1923년 국내외 독립운동 단체 대표들이 모여 국민 대표 회의를 개최했는데, 이 자리에서 곪은 상처가 터졌습니다. 대한민국 임시 정부를 폐지하고 새로운 독립운동 단체를 조직하자는 창조파와 기존의 대한민국 임시 정부를 개편하여 독립운동을 지속하자는 개조파로 나뉘어 대립했던 것입니다.

양측의 대립이 해소되지 않으면서 회의는 결렬됐고, 무장 투쟁을 주장했던 만주와 연해주 세력이 참여를 거부하고 떠나자, 대한민국 임시 정부는 조직을 유지하기 어려울 정도가 됐습니다. 임시 정부는 1925년 대통령임에도 불구하고 미국에만 머물면서 직무를 제대로 수행하지 않던 이승만을 탄핵하고 박은식을 후임 대통령으로 선출했습니다. 그러나 박은식이 서거하면서 임시 정부는 여전히 활로를 찾지 못했습니다. 임시 정부는 대통령제를 폐지하고 국무령제를 채택한 헌법으로 개정해 침체 상태에서 벗어나고자 노력했습니다.

1930년 대한민국 임시 정부를 사수하던 김구 등이 민족주의 세력을 중심으로 한국독립당을 창당하여 활로를 모색했습니다. 김구는 난국을 타개하기 위해 한인애국단을 조직하고 의열 투쟁으로 독립 방략을 전환했습니다.

한인애국단 의열 투쟁의 대표적 인물로 이봉창 의사와 윤봉길 의사를 꼽을 수 있습니다. 이봉창은 1932년 1월 8일 동경에서 관병식을 마치고 돌아가는 일왕 히로히토에게 폭탄을 던졌습니다. 폭탄의 위력이 약하여 일왕에게 직접적인 피해를 주지는 못했으나, 일본의 수도인 동경에서 상징적 존재인 일왕에게 폭탄을 던진 것은 세계적인 사건이 됐습니다.

일본은 임시 정부를 와해시키기 위해 상하이를 무력으로 점령했습니다. 중국 영토임에도 불구하고 일본의 점령이 가능했던 이유는 상하이가 이미 서양 제국주의 국가들에 점유를 당한 상태여서 중국에서 적극적으로 대항하지 않았기 때문입니다. 상하이를 점령한 일본군은 1932년 4월 29일 홍커우공원에서 전승 축하식을 거행했습니다. 이때 윤봉길이 기념식 단상에 폭탄을 던져, 상하이 파견군 최고 사령관인 육군 대장 시라카와와 일본 공사를 죽였습니다.

두 의사의 의거는 중국을 비롯한 전 세계에 우리 민족의 독립 의지와 능력을 보여준 쾌거였습니다. 중국 국민당 주석이었던 장제스는 윤봉길 의사의 의거를 보고 1억 중국 청년들이 하지 못하는 일을 한 한국 청년이 해냈다고 감탄하면서 이전과는 달리 대한민국 임시 정부에 대해 적극적인 후원을 해주었습니다.

대한민국 임시 정부는 일본군의 집요한 탄압으로 상하이를 떠나 1940년 충칭에 정착할 때까지 약 8년 동안 중국의 여러 곳을 전전하였습니다. 이동 과정에서 시련을 겪기도 했지만, 임시 정부는 중국 정부의 지원과 국제적인 우호 여론에 힘입어 난국을 타개해 나갔습니다.

충칭에 정착한 대한민국 임시 정부는 흐트러진 조직을 강화하고 체제를 정비했습니다. 충칭은 일본과 전쟁을 벌이고 있던 중국 정부의 임시 수도였고, 전란으로부터 비교적 안전한 지역이었습니다.

대한민국 임시 정부는 민족주의 세력의 결집을 도모하기 위해 김구의 한국국민당, 조소앙의 한국독립당, 지청천의 조선혁명당 등의 조직들을 통합하여 한국독립당을 창당했습니다(1940년). 이로써 분산되어 있던 민족주의 세력이 하나의 정당으로 결집되어 대한민국 임시 정부를 받쳐 주는 여당의 역할을 할 수 있게 됐습니다.

대한민국 임시 정부는 조직이 정비되자 1940년 국무위원제를 주석제로 바꾸고 갖은 어려움 속에서도 임시 정부를 지켰던 김구를 주석에 선임했습니다. 김구를 중심으로 한 대한민국 임시 정부는 1941년 대한민국 건국 강령을 발표해, 광복 후 건설할 우리 민족의 국가상을 제시하는 등 독립 투쟁을 본격적으로 전개해 나갔습니다.

한국광복군의 창설

일본이 중국에 진출하고 제2차 세계 대전이 일어나면서 국제 정세가 급변하자, 대한민국 임시 정부도 전시 태세를 갖추고 한국광복군을 창설했습니다. 임시 정부에서 활동하고 있던 만주 독립군 출신의 군사 간부들과 중국의 군관학교를 졸업하고 중국군에 복무하고 있던 한국 청년들을 소집하여 광복군 총사령부를 구성하고 이를 기반으로 3개 사단을 1년 이내에 편성하려고 노력했습니다. 중국 지역에서 활동했던 한인 무장 세력과 조선의용대가 광복군에 편입되면서 군사력이 강화되고 체제가 갖추어졌습니다.

일본에 의해 태평양 전쟁이 발발하자 대한민국 임시 정부는 대일 선전 성명을 발표해 정식으로 일본에 선전포고를 했습니다. 또한 연합군과의 공동작전에 참여함으로써 광복 후 연합국의 지위를 획득하고자 인도 · 미얀마 전선에서 영국군과 공동으로 대일 전쟁을 전개했습니다. 중국군과는 태평양 전쟁 발발 이전부터 긴밀한 협조 관계를 맺고, 항일 연합 전선을 지속적으로 구축했습니다.

한국광복군의 활동 중에서 가장 주목되는 것은 미국과 합작하여 시행하려던 국내 진공 작전이었습니다. 광복군 대원들에게 첩보 훈련을 실시해 우리나라에 침투시켜 후방에서 작전을 전개한다는 내용이었습니다.

대한민국 임시 정부는 선발대를 뽑아 훈련시킨 후 국내에 파견하기로 하고, 국내 정진대를 구성했습니다. 그러나 국내 진공 작전은 실현되지 못했습니다. 세부적인 계획과 출동 준비를 하던 중 일본의 항복

선언이 있었기 때문이지요. 이 작전의 무산은 큰 아쉬움으로 남았습니다.

이 작전이 실행됐더라면 대한민국 임시 정부가 미국으로부터 연합국으로 인정받을 수 있는 공식적인 계기가 될 수도 있었기 때문입니다. 그랬다면 대한민국 임시 정부 요인들도 광복 후 개인 자격이 아니라 전승국의 정부 요인 자격으로 귀국할 수 있었고, 그 후의 건국 준비 상황도 완전히 달라졌을 것입니다.

민족 협동 전선의 형성, 신간회

일제 강점기에는 대한민국 임시 정부의 독립운동 이외에도 많은 독립운동이 전개됐습니다. 3 · 1 운동, 6 · 10 만세 운동, 광주 학생 항일 운동 외에 국내에서의 독립운동으로 가장 대표적인 것이 신간회의 활동이었습니다.

3 · 1 운동 이후 일제는 통치 형식을 달리했지만 독립운동에 대한 간악하고 악랄한 탄압은 여전했습니다. 일본의 탄압으로 국내의 독립운동은 제대로 전개되지 못했습니다. 국내에서 활동하던 독립운동가들이 국외로 망명하거나 변절함으로써 독립 운동은 더욱 침체했습니다. 이런 상황에서 1927년 결성된 신간회의 민족 협동 전선은 큰 의미를 가집니다.

3 · 1 운동 후 '신사상' 이라고 불리던 사회주의 사상이 유입됐습니다. 러시아 교포 사회와 일본 유학생을 통해 국내로 유입된 사회주의 사상은 국내 일부 지식인과 학생들을 통해 점차 대중화됐습니다. 사회

주의 사상은 사회 · 경제적 민족 운동과 노동자 · 농민 운동 등에 큰 영향을 끼쳤으나, 민족주의 계열과의 이념적 차이로 독립운동에 혼란을 가져오기도 했습니다.

이런 갈등을 이용하여 일본이 우리 민족을 이간질했기 때문에 국내 독립운동은 더욱 침체됐습니다. 이에 1920년대 후반, 민족의 독립 달성을 위해 민족주의 계열과 사회주의 계열이 힘을 합쳐야 한다는 주장이 대두됐습니다.

청년 운동이나 여성 운동에서 일기 시작한 민족 유일당 운동(민족협동전선)으로 자연스럽게 두 계열이 합쳐지게 됐습니다. 특히 민족주의 계열 일부에서 자치론, 참정론 등 기회주의적 세력이 대두되자, 이를 저지하기 위해 비타협적 민족주의 세력과 사회주의 세력이 단일한 민족 운동을 추진했습니다. 그 결과 결성된 것이 신간회입니다(1927년).

신간회는 일본에 대해 비타협적인 태도를 확고히 하면서, 광주 학생 항일 운동이 일어났을 때는 조사단을 파견하고 민중 대회를 열어 일본 경찰의 한국인 학생들에 대한 차별적인 조치에 강력히 항의했습니다. 이외에도 민족의식 고취를 위해 전국 순회 강연회를 개최하여 일본 식민지 통치의 잔학상을 고발하면서 농민 운동, 학생 운동 등을 적극적으로 지원했습니다.

여성 단체들도 민족주의 계열과 사회주의 계열이 힘을 합쳐 민족 유일당인 근우회를 결성했습니다. 근우회는 우리나라 여성들의 굳은 단결과 여성 지위 향상을 위한 강령을 내걸고 활발한 활동을 전개했습니다. 절대다수의 농촌 여성과 근로 여성들은 민족적 억압과 계급적 차

별에 더해서 성적 차별과 억압을 당하는 경우가 많았습니다. 근우회는 이념을 초월하여 여성들의 입장을 대변했습니다.

이와 더불어 주목되는 것이 형평 운동입니다. 조선 시대 도살업을 주로 하던 백정들은 갑오개혁으로 법률상 천인의 신분에서는 벗어났으나, 사회적으로는 여전히 천대받고 있었습니다. 일본은 우리 민족을 이간하기 위해 백정에 대한 차별을 강화했습니다. 그중에서도 교육상의 차별이 가장 심했습니다.

백정의 자녀가 학교에 입학할 때는 백정임을 표시하도록 했습니다. 호적에도 도한屠漢으로 기록하게 했고, 붉은 점을 찍어 차별했습니다. 1923년 진주에서 백정 출신으로 거부가 된 이학찬 등이 형평사를 조직하고 사회주의 세력과 일부 민족주의 세력의 도움으로 각 도에 12개의 형평사와 67개의 분사를 두어 신분 해방과 민족 운동을 전개했습니다.

그러나 이러한 민족 협동 전선은 확대되지 못하고 1930년대에 대부분 해체됩니다. 일본의 교묘한 탄압과 내부의 이념 대립, 집행부의 온건화에 따른 불만, 그리고 소련이 주축이 되어 결성한 코민테른의 지시를 받은 사회주의 계열의 이탈 등이 해체의 원인이었습니다.

민족주의 계열과 사회주의 계열은 대립할 수밖에 없는 이념 구조를 가지고 있었습니다. 민족주의 계열은 계급 차이를 인정하면서 민족을 최우선으로 내걸고 투쟁하는 노선이었지만 사회주의는 민족이나 국가보다는 계급의 동질성을 중요하게 생각했기 때문입니다. 그럼에도 민족 유일당 운동이 전개될 수 있었던 이유는 민족주의 계열이든 사회주의 계열이든 우리나라의 독립이 당면의 목표였기 때문입니다.

우리나라 사회주의자 중에 독립을 위해 일시적으로 사회주의 이념을 받아들인 경우가 많았던 것도 이 같은 사정을 잘 보여줍니다.

국외의 무장 항일 투쟁

독립을 위한 국외의 무장 항일 투쟁은 국권을 빼앗긴 1910년 이전부터 준비됐습니다. 1908년 일본이 벌인 '남한 대토벌 작전'으로 인해 만주나 연해주로 망명한 의병들과 신민회 등 애국 계몽 운동 단체들은 만주와 연해주에 독립군 기지를 건설했습니다.

근대화된 일본 군대와는 달리 무기나 규모 면에서 취약했던 우리 민족은 1910년대에 만주나 연해주의 동포들을 기반으로 독립군 기지를 건설했습니다. 대표적인 지역이 삼원보를 중심으로 한 서간도와 길림을 중심으로 한 북간도, 블라디보스토크를 중심으로 한 연해주였습니다.

독립운동가들은 이 지역에 무관학교를 세워 독립군 간부를 양성했으며, 학교를 세워 민족 교육과 근대 교육을 실시했습니다. 또한 주민들로부터 의연금을 걷어 소련에서 무기를 구입해 지원자들에게 군사 교육을 실시했습니다.

3 · 1 운동 직후에는 만주와 연해주 지역에 수많은 독립군 단체들이 결성됐습니다. 이들은 국내 진입 작전을 감행해 무장 투쟁을 활발하게 전개했습니다. 이들은 국경 지대인 함경도와 평안도에 있는 일본군 수비대와 주재소를 비롯한 일본 통치 기관을 공격했습니다. 대표적인 부대가 홍범도가 이끄는 대한독립군이었습니다. 일본은 독립군의 국내 진입 작전으로 큰 피해를 입자 군사력을 증강하여 국경 경비를 강화했지만, 독립군의 기습 공격을 당해낼 수는 없었습니다.

1920년 6월 독립군이 함경북도 종성에 들어와 일본 헌병 순찰대를 공격하자, 일본군은 두만강을 건너 추격에 나섰습니다. 그러나 삼둔자 지역에서 독립군의 반격으로 큰 피해를 입었습니다. 이에 일본군은 독립군의 본거지인 봉오동을 공격했습니다. 하지만 홍범도가 이끄는 대한독립군을 중심으로 한 독립군 부대들이 일본군을 봉오동 골짜기로 유인하여 157명을 사살하는 큰 승리를 거두었습니다.

소규모 부대라고 우습게 보았던 독립군에게 크게 패한 일본군은 독립군에 대한 인식을 새로이 하고 대규모 토벌 작전에 나섰습니다. 일본은 중국의 마적단을 매수하여 훈춘의 일본 영사관을 습격하게 하고, 이를 빌미로 독립군을 토벌하기 위해 간도에 2만 5000여 명의 정규 병력을 출동시켰습니다. 그러나 이 토벌 작전 역시 김좌진이 이끄는 북로군정서군을 중심으로 한 독립군 연합 부대에 청산리에서 큰 패배를 당합니다. 이를 일컬어 봉오동 · 청산리 대첩이라고 합니다.

독립군에게 참패한 일본군은 만주 지역에 살고 있던 우리 민족에게 복수를 자행했습니다. 참으로 잔인한 행패였습니다. 이때 서 · 북간도 전역에서 피살된 민간인만 3600여 명에 달했고, 3200여 채의 가옥이 소실됐습니다(간도 참변, 1920년). 일본군의 초토화 작전으로 독립군은 민간인들에게 피해를 주지 않기 위해 어쩔 수 없이 소련의 지원을 기대하면서 소련령의 자유시(스보보드니 시)로 이동했습니다. 그러나 이들은 한인 무장 세력인 대한의용군과 고려혁명군의 싸움에 휘말려, 러시아 측에 의해 무장 해제되고 100여 명에 달하는 독립군들이 사살되고 체포되어 일본군에게 넘겨지는 피해를 입었습니다(자유시 참변, 1921년). 독립군 내부의 분쟁과 소련의 배신으로 독립군이 참혹한 피해를 입었던 것입니다.

간도 참변과 자유시 참변으로 피해가 컸던 독립군은 다시 만주로 돌아와 조직을 정비하고 여러 단체를 통합하여 3부를 성립시킵니다.

남만주 지역에서는 대한 통의부가 나누어지면서 길림성을 중심으로 정의부, 집안을 중심으로 참의부가 성립되고 북만주 지역에서는 대한 독립군단을 중심으로 통합된 신민부가 성립됐습니다. 3부는 각기 독자적인 행정 기관을 갖추고 자치 활동과 항일 무장 투쟁을 전개했습니다. 일제도 이들의 활동을 보고만 있지는 않았습니다. 일제는 만주의 독립군을 근절시키기 위해 중국의 봉천성 경무 처장 운진과 조선총독부 경무 국장 미쓰야 사이에 협약을 맺었습니다. 중국이 독립운동가들을 체포해 인계할 경우 상금을 지불한다는 내용이었습니다(1925년).

그래서 한때는 독립군 적발에 혈안이 된 만주 관리들에 의해 한국인 농민까지 피해를 입는 경우도 있었습니다. 그럼에도 불구하고 3부는 상당한 영향력을 가지고 꾸준히 독립운동을 전개해 나갔습니다.

1920년대 중반 이후 국내에 대두됐던 민족 협동 전선이 만주 지역에서도 나타났습니다. 참의부, 정의부, 신민부 3부를 통합하자는 운동이 그것입니다. 그러나 유일당을 조직하는 것에 대해서는 합의했지만, 방법을 둘러싸고 의견이 대립되어 혁신의회와 국민부로 나뉘었습니다. 결국 3부가 두 개의 단체로 합쳐진 것입니다. 국민부와 혁신의회는 각기 세력을 확대하며 독립운동을 위한 체제를 갖추어 갑니다. 국민부는 1929년 조선혁명당을 창당하고, 조선혁명군을 편성합니다. 반면 혁신의회는 한국독립당을 창당하고 한국독립군을 조직했습니다.

독립군의 연합 투쟁

잠시 주춤했던 독립군의 항일 무장 투쟁은 1931년 일본이 만주를 침략하면서 다시 활발하게 전개됐습니다. 미쓰야 협정으로 일시적으로 독립군을 탄압했던 만주의 중국인들도 항일 투쟁을 전개했습니다. 조선혁명군과 한국독립군은 중국의 무장 세력과 손을 잡고 일본군에 맞서 독립 전쟁을 전개했습니다.

조선혁명군은 한·중 연합군을 편성하여 남만주 일대에서 일본군과 치열한 전투를 벌여 많은 승리를 거두었습니다. 조선혁명군을 이끌던 양세봉은 일본군이 가장 무서워하던 독립군 지휘자였습니다. 지청천이 이끌던 한국독립군도 중국의 여러 부대와 연합해서 항일 무장 투쟁을 전개하여 많은 승리를 거두었습니다.

이런 과정을 통해 한·중 두 민족은 공동 운명체라는 의식이 더욱 높아졌고, 지속적인 연합작전으로 많은 승리를 거두었습니다. 그러나 1933~34년에 접어들어 중국군의 사기가 떨어지면서 한·중 연합군의 활동도 침체하게 됩니다. 이에 독립군들은 중국 관내로 이동하여 전열을 재정비하고, 장제스의 협조를 얻어 한국광복군을 창설하는 기반을 마련했습니다.

중국 관내로 들어갔던 무장 독립군들은 우익 세력이 연합한 한국 광복운동 단체 연합회와 좌익 세력이 연합한 조선 민족 전선 연맹의 양대 진영으로 나뉘어 활동했습니다. 1938년에 조선 민족 전선 연맹이

김원봉을 중심으로 조선의용대를 창설했습니다.

김원봉은 1920년대 의열단을 만들어 많은 의거를 행했지만, 개인적 의거에 한계를 느끼고 무장 독립 부대를 창설하려는 노력 끝에 조선의용대를 창설한 것입니다. 조선의용대는 창설된 지 10여 일 만에 중국 본토 침략을 감행한 일본군과 대격전을 벌인 장사 전투에 참가하는 등 중국군과 연합하여 많은 전투를 수행했습니다.

조선의용대는 1941년 두 세력으로 나누어졌습니다. 화북 지방으로 이동한 부대는 중국 공산당과 합류하여 조선 독립 동맹을 조직하고 조선의용군을 편성해 일본군과 전투를 계속했습니다. 반면 중국 국민당 지역에 남아 있던 대장 김원봉을 비롯한 나머지 대원들은 한국광복군에 편입되어 광복군의 전력을 크게 증강시킵니다.

이와 같이 만주와 중국 본토에서는 독립운동을 위해 많은 부대가 편성됐고, 1910년 이후 이념에 관계없이 연합하여 지속적으로 무장 항일 투쟁을 전개함으로써 우리 민족의 광복을 앞당기기 위해 노력했습니다.

을사조약은 왜 무효인가요?

일본은 제2차 한 · 일 협약이라고 부르는 을사조약이 을사오적, 즉 박제순(외부대신), 이지용(내부대신), 이근택(군부대신), 이완용(학부대신), 권중현(농상부대신)의 찬성으로 체결됐다고 주장합니다.

그러나 을사조약은 조약 체결 과정이 처음부터 끝까지 강압적인 분위기에서 이루어졌다는 점, 을사오적 중에서도 처음에는 도장을 찍지 않으려다가 협박에 찍은 사람도 있었다는 점, 고종의 수결(자기 이름을 직접 쓰는 것)이 없고 옥새를 찍지 않았기 때문에 근본적으로 국가 간의 문서로 인정할 수 없다는 점 때문에 무효입니다.

✚ 을사조약은 을사년에 강제로 맺은 조약이라고 해서 '을사늑약' 이라고 부르기도 합니다.

일제 식민지 통치 때 우리말을 못 쓰게 한 이유는 무엇인가요?

식민지를 경영하는 나라마다 통치하는 방식이 조금씩 달랐습니다. 대표적으로 영국은 식민지에 자치권을 많이 주었습니다. 굳이 영국식으로 동화시키려고 노력하지도 않았습니다. 동화와 차별이라는 가장 악랄한 통치 방식을 쓴 나라는 일본입니다. 일본은 한국인에 대하여 신분이나 권리에 대해서는 일본인과 엄청나게 차별했습니다. 반면 수탈을 할 때는 내선일체(內鮮一體, 일본과 조선은 하나다)라는 명분을 내세웠습니다. 일제는 이를 위해 한국인을 일본인처럼 만들려고 했습니다. 이를 위해 민족의 혼이 담긴 우리나라 말과 글, 그리고 우리 역사를 배우지 못하게 한 것입니다.

✚ 우리말을 못 쓰게 한 정책은 일본 제국주의의 동화 정책 중 가장 악랄한 것입니다.

일본이 독도를 차지하려는 이유는 무엇인가요?

일본은 틈만 나면 독도를 뺏으려고 하고 있습니다. 일본은 왜 그렇게 독도를 탐낼까요? 독도는 러시아, 일본, 북한, 그리고 우리나라의 딱 중앙에 있습니다. 군사적으로 매우 중요한 지역입니다. 또 독도가 어느 나라 영토인가에 따라 바다 국경의 경계선이 달라지고 해양 자원의 보유권이 갈립니다. 독도가 우리 땅인 지금의 상황과 독도가 일본 땅일 경우의 바다 경계를 생각해 보면 잘 알 것입니다.

✚ 시간이 흐를수록 자원을 획득하기 위한 영토 분쟁은 더 자주 일어날 가능성이 큽니다. 그러므로 독도가 우리 땅임을 입증할 수 있는 준비를 지금부터 착실하게 해 나가야 합니다.

백두산정계비가 무엇인가요?

여진족인 청나라가 중국에 들어서면서 그들의 본거지였던 만주 지방이 비게 됐습니다. 대부분의 여진족들이 중국 본토로 가 버렸기 때문입니다. 그들은 만주 지역을 자신들이 일어난 지역이라고 성역화했습니다.

그런데 우리나라 사람들이 두만강을 건너가 인삼을 캐거나 사냥을 하는 경우가 종종 있었기 때문에 청나라와 국경 분쟁이 일어났습니다. 이에 조선과 청나라는 사신을 보내 백두산 일대를 답사하고 국경을 확정하여 정계비(경계를 정하는 비석)를 세우게 됐습니다. 그 내용이 "서쪽으로는 압록강으로 하고 동쪽으로는 토문강으로 한다"고 되어 있습니다.

그런데 여기에 나오는 토문강이 문제가 됐습니다. 중국에서는 토문강을 두만강이라고 하고 우리나라에서는 만주에 있는 토문강이라고 주장하게 된 것입니다. 이 강이 어디냐에 따라 간도의 소유권이 바뀌게 되기 때문입니다. 우리나라는 지금도 토문강은 만주에 있는 송화강의 지류인 토문강이라고 주장하고 있습니다.

✚ 역사적으로 본다면 간도는 우리의 영토임이 분명합니다. 통일 후를 생각해서라도 간도가 우리 땅임을 역사적으로 잘 고증해 놓아야 합니다.

물산 장려 운동은 어떤 운동이었나요?

1920년대 전개된 물산 장려 운동은 일제 상품에 대응하여 우리의 국산품을 사용해 우리 민족이 경제적으로 자립하자는 민족 운동이었습니다. 일본이 관세를 없애고 일본 상품을 무제한 유통시키는 바람에 많은 성과를 거두지는 못했습니다. 또한 물산 장려 운동이 결과적으로 조선인 자본가들에게만 큰 이익을 주었다고 사회주의 계열 민족 운동가들로부터 비난을 받기도 했습니다.

✚ 물산 장려 운동은 1920년대 민족주의 계열이 항일 운동의 일환으로 전개했습니다.

일본군 '위안부'란 무엇인가요?

제2차 세계 대전 당시 일본군의 성적 욕구를 해소하기 위해, 강제적으로 징용되어 성적인 행위를 강요받은 여성을 말합니다. '위안부'의 대부분은 조선인이었지만 중국인, 대만인 외에도 일본이 점령한 여러 국가 출신의 여성들이 일본군에게 희생됐습니다.

그러나 일본은 '위안부'의 강제 동원 사실을 인정하지 않고 있습니다. 1992년부터 서울 종로구 일본 대사관 앞에서는 매주 수요일 일본군 '위안부' 문제 해결을 위한 항의 시위가 열리고 있습니다.

✚ 일본 제국주의의 잔혹상을 보여주는 대표적인 예입니다.

근대화와 민주화의 역사 60년

2000년 6월 13일에는 분단 이후 최초로 남한의 김대중 대통령과 북한의 김정일 국방위원장이 평양 순안비행장에서 만나는 역사적인 만남이 이루어졌습니다.
남북 정상은 6 · 15 공동 선언을 발표했습니다.

2000년 **6 · 15 남북 공동 선언**

1987년 **6월 민주 항쟁**

1980년 **5 · 18 민주화 운동**

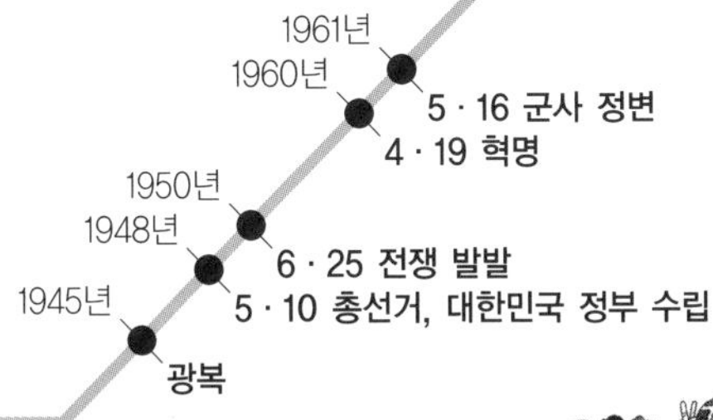

근대화와 민주화의 역사 60년

1945년 일본의 무조건 항복으로 우리 민족은 일본의 가혹한 식민 통치에서 벗어나 광복을 맞이했습니다. 광복은 연합군 승리의 결과이기도 했지만, 우리 민족이 국내외에서 끊임없이 전개해 온 독립운동의 결과였습니다. 다만 대한민국 임시 정부의 국내 진공 작전이 성사되지 못하여 우리의 힘으로 독립을 쟁취하지 못했다는 것은 아쉬운 점입니다.

우리 손으로 못 이룬 독립

광복은 맞았는데 문제가 생겼습니다. 1945년 얄타 회담에서 소련의 대일전 참전이 결정됐는데, 소련군의 참전이 임박하자 미국은 소련에 38도선을 중심으로 우리나라를 분할 점령할 것을 제안했고, 소련도 이를 받아들인 것입니다.

일본이 항복하자 일본군의 무장 해제를 명목으로 38선 이북은 소련군이, 이남은 미군이 각각 분할 점령했습니다. 우리 민족은 중국에서 독립운동을 전개한 대한민국 임시 정부도 있었고, 국내에서는 여운형을 중심으로 하는 조선 건국 준비 위원회가 조직되어 자주독립 국가를 수립할 수 있는 능력을 보여 주었지만 강대국들의 이해관계에 따라서 분할 점령되고 말았습니다.

유럽에서는 전쟁을 일으킨 독일이 분단됐는데 아시아에서는 전쟁을 일으킨 일본은 분단되지 않고 우리나라가 분단됐습니다. 이는 일본의 전략적 위치 때문이었습니다. 미국은 일본을 분단하면 소련이 태평양 지역으로 직접 진출하게 될 것을 경계했습니다. 대일전에 참전한 소련에게 전리품을 주어야 했는데 이것이 결국 우리나라로 낙찰된 것입니다. 우리는 나쁜 이웃을 두어서, 식민 통치를 당하다가 결국 이웃이 져야 할 책임까지 떠안은 꼴이 됐습니다.

신탁 통치를 둘러싼 갈등

국토가 분단된 상황에서 또다시 하늘이 무너지는 소식이 전해졌습니다. 1945년 12월 미국, 영국, 소련의 외상들이 모여서 우리나라 문제를 협의했는데, 여기에서 임시 민주 정부를 조직하기 위해 미 · 소 공동위원회를 설치하고, 새로이 설립되는 임시 민주 정부와의 협의 하에 미국, 영국, 중국, 소련 4개국이 최고 5년 동안 신탁 통치를 실시한다는 것이었습니다(모스크바 3상 협정).

독립된 지 4개월 만에 내려진 신탁 통치 결정은 우리 민족에게 커다란 충격을 주었습니다. 내용을 자세히 살펴보면, 임시 민주 정부 수립에 주안점이 있고, 신탁 통치는 최고 5년이기 때문에 임시 민주 정부와의 협의 하에 줄일 수도 있는 것이었지만 '신탁 통치' 자체가 너무 큰 충격이었습니다.

정치가들과 국민들은 신탁 통치에 반대하는 대규모 운동을 전개했습니다. 김구, 이승만을 중심으로 하는 우익 세력이 주도한 반탁 운동이 그것입니다. 처음에는 좌익 세력도 반탁 운동을 전개했지만, 임시 민주 정부 수립이 우리 민족에게 유리한 부분도 있다고 생각해 모스크바 3상 협정을 지지하는 것으로 입장을 바꿨습니다. 이로 인하여 좌 ·

우익 간 대립은 더욱 격화됐습니다.

신탁 통치 문제로 혼란스러운 국내 정세 속에서 미 · 소 공동위원회가 열렸습니다. 그러나 양측의 주장이 팽팽히 맞서 결렬되고 말았습니다. 소련은 모스크바 3상 협정을 반대한 정당이나 사회단체를 배제할 것을 주장했고, 미국은 표현의 자유를 내세워 국내의 모든 정당과 사회단체를 회담에 참여시키자고 주장했기 때문입니다. 미 · 소 공동위원회에서 미국과 소련이 자신들의 주장을 관철시키려고 했던 것은 우리 민족을 위해서가 아니라 자신들에게 우호적인 정부를 한국에 세우려는 목적에서였습니다.

강대국들의 움직임에 맞서서 통일 국가를 만드는 데 힘을 합쳤어야 할 남북의 정치 지도자들은 통일적인 대처를 하지 못하고 서로 먼저 단독정부를 수립하려는 움직임을 보였습니다. 북한의 김일성은 소련의 힘을 빌려 한반도 전역에 공산주의 정권을 세우려고 했으나 힘들어지자, 북한에 공산주의 정권을 세우는 데 박차를 가합니다.

이승만은 미 · 소 공동위원회가 결렬되자 곧바로 남한만의 단독정부 수립을 주장합니다. 남한에 먼저 단독정부를 수립한 후에 북한을 끌어들이자는 전략이었습니다. 미국은 타협에 의한 정부 수립이 어려워지자 우리 문제를 유엔에 넘겼습니다.

인구 비례에 의한 남북한 총선거

유엔은 인구 비례에 의한 남북한 총선거를 통해 한국에 정부를 수립하기로 결정했습니다. 그러나 소련과 북한이 반대해 결국 유엔 소총회에서 가능한 지역만이라도 선거를 실시하자는 것으로 결정했습니다. 남한과 북한이 각각 단독정부를 세워 분단될 수밖에 없는 상황이 된 것입니다.

남한만의 단독정부 수립에 대해 남한의 정치 세력들은 서로 다른 의견을 가지고 있었습니다. 이승만과 한국민주당은 찬성한 반면, 김구와 김규식 등 민족주의자들과 중도 세력들은 단독 선거를 반대하면서 남북 타협에 의한 통일 정부를 주장했습니다. 이들은 이를 위해 북한 김일성에게 남북 협상을 제의하여 연석회의까지 했습니다. 이 회의에서는 미국과 소련 양국 군대의 철수와 단독정부 수립에 대해 의견을 모았으나, 실제적인 방안도 없었고 이념상의 차이로 인해 별다른 성과를 거두지 못했습니다.

한편 좌익 세력은 단독정부 수립을 반대하는 격렬한 투쟁을 벌였습니다. 특히 제주도는 4 · 3 사건으로 인해 선거를 치르지 못할 상황이 됐습니다. 1948년 3월 1일 제주도에서 5 · 10 단독 선거 반대 시위가 있었습니다. 그런데 경찰이 시위대에 발포함으로써 일시에 유혈 충돌의 장으로 돌변해 버리고 말았습니다. 1948년 4월 3일 새벽 2시, 350명의 무장대가 제주도 내 24개 경찰 지서 중 12개 지서를 일제히 공격함으로써 4 · 3 사건이 시작됐습니다. 미군정은 4 · 3 사건 진압을 위해 '제주도 비상 경비 사령부'를 설치하고 각 도로부터 차출한 대규모 군대와 경찰, 서북청년단을 파견했습니다.

1948년 4월 3일 시작된 4 · 3 사건은 1954년 9월 21일 한라산 금족禁足 지역이 전면 개방될 때까지 6년 6개월간 지속됐는데 당시 30여만 명의 도민 중 2만 5000~3만 명이 학살당했습니다. 인구의 10분의 1이 학살당한 것입니다.

그동안 제주 4 · 3 학살 피해자 가족과 시민 단체들은 4 · 3 사건 진상 규명과 피해자 명예 회복을 요구해 왔습니다. 이들의 주장이 40여 년 만에 받아들여져 1999년 12월 26일 '제주 4 · 3 사건 진상 규명 및 희생자 명예 회복을 위한 특별법'이 제정됐습니다. 노무현 대통령은 2003년 10월 31일 '국가 권력에 의해 대규모 희생'이 이뤄졌음을 인정하고 제주도민에게 공식 사과했습니다.

여수 · 순천에서도 무력 충돌이 벌어지는 등 혼란이 계속되는 중에 5 · 10 총선거가 실시됐습니다. 통일 정부를 바라는 국민적 열망과 김구, 김규식을 비롯한 여러 정치 세력들의 반대에도 불구하고 남한만의 단독정부를 세우기 위한 총선거가 실시된 것입니다. 선거에는 이승만과 한국민주당, 일부 중도 세력만 참여했습니다. 이승만은 가장 많은 당선자를 낸 무소속 중 우익 성향의 의원들을 포섭하여 국회의 다수 세력을 형성했습니다.

제헌국회에서는 3권 분립, 대통령 중심제, 국회의 간접 선거에 의한 대통령 선출을 내용으로 하는 제헌헌법을 제정했고, 이승만을 대통령으로 선출했습니다. 1948년 8월 15일 대한민국 정부가 출범했고, 유엔총회에서 승인을 받았습니다. 이로써 남한만의 단독정부가 세워지고 통일 민족 국가의 수립은 결국 실패로 돌아가게 됐습니다.

친일파 경찰들에 의해 습격당한 반민특위

대한민국 정부가 우선적으로 처리해야 할 문제는 일제의 잔재를 청산하는 것이었습니다. 그중에서도 민족을 배신하고 일제에 빌붙어서 자신의 이익만을 챙기던 친일파들을 처단하는 일이 가장 중요한 문제였습니다. 이는 민족정기를 바로 세우고 민족의 자존심을 회복하는 일이었기 때문입니다.

광복 직후부터 주요 정당과 사회단체들은 민족 반역자인 친일파들을 처단하는 데 의견의 일치를 보고 있었습니다. 그러나 미군정은 자신들의 군정 통치를 위해 친일파들을 처벌하지 않고 관리로 임명해 행정을 담당하게 하거나 민족 지도자 행세를 할 수 있도록 허용했습니다. 친일파들은 살아남기 위해 미군정의 통치 방향과 행정 지침에 순응했습니다. 반면 독립운동가들은 미군정의 통치 정책에 반대하면서 자주적인 국가를 세우기 위해 미군정과 대립하는 경우가 많았습니다.

정부를 수립하기 전 과도 입법의원은 친일파의 공민권을 제한하면서, '민족 반역자, 부일附日 협력자, 모리간상배에 관한 특별 법률 조례'를 제정하는 등 반민족 행위자들에 대한 숙청 문제를 제시했습니다. 그렇지만 미군정은 이때도 법의 공포를 허락하지 않아 친일파의 처벌이 미루어지게 됐습니다.

대한민국 정부가 수립되면서 친일파를 처벌하자는 여론이 다시 높아졌고, 국회에서는 반민족 행위 처벌법을 제정(1948년)했습니다. 국회의 결의로 긴급 구성된 기초특별위원회는 미군정 때 마련된 '민족 반역자, 부일附日 협력자, 모리간상배에 관한 특별 법률 조례' 안을 참고하여 전문 32조로 된 '반민족 행위 처벌법' 초안을 만들어 국회에 제출했고, 9월 제59차 본회의에서 절대다수의 찬성으로 가결했습니다.

10월 23일에 김상덕을 위원장으로 '반민족 행위 특별조사위원회'(약칭 '반민특위')가 발족했습니다. 반민특위는 '반민족 행위 특별 조사 기관 조직법'을 제정하고, 중앙사무국, 각도 사무분국, 특별재판관, 특별검찰관을 선임했습니다.

이 법은 다음과 같은 특징을 가지고 있었습니다.

"첫째, 한일합병에 적극적으로 협력한 자는 사형 또는 무기징역에 처하고, 그 재산의 일부 또는 전부를 몰수한다. 일본 정부로부터 작위를 받았거나 제국의회帝國議會 의원이 됐거나 독립운동가를 살상하거나 박해한 자는 무기 또는 5년 이상의 징역에 처하고 재산의 일부 또는 전부를 몰수한다. 이밖에 악질적인 반민족 행위를 한 자는 10년 이하의 징역에 처하거나 15년 이하 동안 공민권을 제한하고 재산의 일부 또는 전부를 몰수한다.

둘째, 반민족 행위를 조사하기 위해 국회의원 10명으로 특별조사위원회를 만들고, 서울시 및 각 도道에 조사부를, 군郡에 조사 지부를 설치한다.

셋째, 반민족 행위자를 처벌하기 위해 국회의원 5명, 고등법원 이상의 법관 6명, 일반 사회인 5명으로 구성된 특별재판부와 국회에서 선출한 특별검찰부를 설치한다.

넷째, 이 법은 일제강점기 동안 반민족 행위로 민족에게 해를 끼친 자를 처벌하는 것을 목적으로 하기 때문에 '형벌불소급의 원칙'•을 적용받지 않는다"는 것입니다.

반민특위의 활동은 국민의 뜨거운 지지를 받았습니다. 그러나 이 법에 따라 특별조사위원회가 설치되어 조사에 착수했지만, 단 10명의 국회의원이 그 방대한 업무를 처리하기는 힘들었습니다. 이 법의 표적이 된 친일 세력들은 노골적으로 저항했습니다. 행정부나 경찰 곳곳의 주요 직책에 친일파들을 등용하고 있던 이승만 정부도 협조하지 않아 조사 활동이 제약을 받을 수밖에 없었습니다. 특히 1949년 6월 6일에는 친일파 경찰들이 반민특위 조사위원회 사무국을 습격하여 직원들을 연행함으로써 특별조사위원회의 활동이 치명적인 타격을 입게 됐습니다.

결국 이승만 정부의 간섭으로 특별조사위원회의 업무는 대법관과 대검찰청으로 옮기고, 반민족 행위자에 대한 기소는 1949년 8월 31일까지 하도록 하는 개정안이 국회에서 통과됐습니다. 그 후 대법원과 대검찰청에서 반민족 행위자에 대한 공판을 계속했지만, 실제로 재판을 받아 형을 선고받고 복역한 사람은 10여 명에 불과했습니다. 그들조차도 형기를 다 채우지 않고 나오는 경우가 대부분이었습니다.

친일파의 변명과 생존 과정

이광수는 반민특위에서 다음과 같이 변명했습니다.

"도쿄까지 가서 학병을 강요하게 된 것은 학병을 가지 않으면, 학병을 나가서 받는 것 이상의 고생을 할 것 같았기에 나가라고 권했다. (중략) 나의 친일은 부득이 민족을 위해 한 일이다."

• 법이 제정되기 전에 발생한 범죄 행위를 나중에 그 법으로 처벌할 수 없다는 원칙.

이 말에서 친일파들의 사고와 변명의 논리를 잘 알 수 있습니다. 이들은 자신들의 친일에 대해 부끄러워하고 반성하기는커녕 궁색한 변명으로 일관했습니다.

제2차 세계 대전이 끝나고 프랑스는 독일을 도와 프랑스인들을 괴롭힌 나치 협력자들을 조사했습니다. 약 200만 명을 조사하여 3만여 명을 사형에 처하고 나머지는 죗값에 맞게 처벌했습니다. 이 일을 지휘했던 드골은 반 나치 세력이라면 설혹 이념이 다른 공산주의자나 사회주의자라고 하더라도 함께 손잡고 일했습니다. 이때 이루어진 '반 나치 연합'이 오늘날 프랑스 민주주의와 국민 통합의 기초가 됐습니다.

반면 우리나라는 반민특위가 해체될 때까지 취급한 사건이 682건에 지나지 않았습니다. 이 중 체포 305명, 미체포 173명, 자수 61명에 그쳤습니다. 특별위원회는 229명을 특별검찰에 송치하여 221명만을 기소했지요. 재판이 종결된 38명 중 사형 1명, 무기징역 1명을 포함해 징역형 12명, 공민권 정지 18명, 무죄 6명, 형 면죄 2명이었습니다. 그러나 이들조차도 1950년까지 재심 청구나 감형, 형 집행 정지 등으로 모두 풀려났습니다.

최근 우리나라의 건국 시점을 1948년으로 잡아야 한다는 주장이 제기되고 있습니다. 우리나라 헌법 전문에는 대한민국 임시 정부의 법통을 잇는다고 분명히 쓰여 있습니다. 그런데도 1948년 건국을 강조하는 것은 어떤 의미일까요? 당시 대한민국 정부 수립에 참여했던 사람 중에는 통일이나 자주독립 국가를 만들려고 노력한 사람들도 있었지만 자신들의 영달과 보신만을 생각했던 친일파들도 있었습니다. 이들이 자신을 합리화하기 위해 뒤늦게 1948년 건국을 강조하고 나선 것입니다.

2010년은 건국 62주년이 아니라 대한민국 정부 수립 62주년이고 임시 정부 수립부터 시작해 건국 91주년이 되어야 정상입니다.

북한군의 전면적인 기습 공격

남한과 북한의 두 정부는 이념과 체제를 달리하면서도 표면적으로는 통일을 강조하고 있었습니다. 그런데 통일의 방법이 상대방을 인정하는 것이 아니라, 무력으로 무너뜨리고 통일을 하자는 것이었습니다.

한국을 둘러싼 국제 정세 역시 이러한 대립을 더욱 부추기고 있었습니다. 미국을 중심으로 한 서방 국가와 소련을 중심으로 한 동구권 국가 간의 이념 대립은 냉전 체제를 구축했습니다. 제2차 세계 대전 이후 독립한 국가들은 '미국이냐 소련이냐'를 선택해야 하는 양자택일의 처지에 빠지게 됐습니다. 이러한 냉전 대결 상황에서 양쪽에 적대적인 정부가 세워진 한반도에는 군사 경계선인 38도선을 사이에 두고 국군과 북한군 사이에 크고 작은 충돌이 그치지 않았습니다.

미국과 소련은 1948년 말부터 우리나라에 주둔시키고 있던 군대를 철수시켰습니다. 그러나 소련은 겉으로는 군대를 철수시킨다고 하면서 뒤로는 몰래 북한의 전쟁 준비를 도와주고 있었습니다. 소련은 무기를 대고, 중국은 독립운동을 했던 사회주의 계열의 노련한 조선인 의용군을 북한 군대에 편입시켜 북한군을 지원했습니다.

미국 국무장관 애치슨이 "미국의 극동 방위선은 알류샨 열도와 일본 본토를 거쳐 류큐(오키나와)에서 필리핀으로 연결하며 (중략) 이 방위선 밖

에 있는 나라의 안보에 대해서는 군사적 공격에 대하여 아무도 보장할 수 없다"라는 애치슨 선언을 발표했습니다. 남한이 미국의 방위선 밖에 놓이게 된 것입니다. 애치슨 선언으로 북한은 전쟁에 더욱 자신감을 가지게 됐습니다.

1950년 6월 25일 북한군은 전면적인 기습 공격을 시작해 사흘 만에 서울을 점령했습니다. 북한군은 7월 20일 대전을 함락시켰고, 7월 말에는 낙동강까지 진출했습니다. 애치슨 선언으로 우리나라를 극동 방위선에서 제외했던 미국은 일본 방위를 위해서는 우리나라가 결정적으로 중요하다는 사실을 뒤늦게 깨닫고, 유엔 결의에 의거해 미군을 주축으로 한 유엔군을 투입했습니다. 전열을 재정비한 국군과 유엔군은 낙동강 전선을 사수하는 한편, 인천 상륙 작전을 성공시키고 9월 28일 서울을 수복한 후, 여세를 몰아 38도선을 돌파하고 10월 말에는 압록강까지 진출했습니다.

그러나 중국군이 개입하는 바람에 국군과 유엔군은 1월 초 서울을 다시 내주고 한강 남쪽으로 후퇴했습니다. 국군과 유엔군은 전세를 가다듬어 3월에 다시 서울을 되찾고 38도선까지 밀고 올라갔습니다.

이후 전쟁은 지루한 소모전 양상을 띠었습니다. 세계 여러 나라는 6 · 25전쟁이 제3차 대전으로 번지는 것을 막기 위해 조기에 전쟁을 끝내고자 했습니다. 미국과 소련 역시 확대된 전쟁에 대해 상당한 부담을 가지게 됐습니다. 미국은 만주까지 전쟁을 확대하자는 맥아더 장군을 해임하고 1951년 6월 소련의 제의에 따라 본격적으로 휴전을 추진했습니다. 이승만 정부는 휴전에 반대하면서 북진 통일을 주장했으나, 결국 1953년 7월 휴전이 성립됐습니다.

민족의 가슴에 상처만 남긴 전쟁

전쟁이 남긴 상처는 컸습니다. 수백만 명의 사람들이 죽거나 다치거나 행방불명됐습니다. 이산가족은 1000만 명이 넘었고, 거리에는 전쟁고아들이 넘쳤습니다. 경제적으로도 피해가 컸습니다. 전 국토가 황폐화됐고, 산업 시설은 모두 잿더미가 됐습니다. 농사를 짓지 못해 식량까지 모자랐습니다.

인적 · 물적 피해도 큰 문제였지만, 우리 민족끼리 서로 불신하게 된 것이 더 큰 문제였습니다. 남한과 북한 간의 대립뿐 아니라 남한 내에서도 엄청난 갈등이 생겨났습니다. 전쟁 때 상대방의 편을 들었거나 협력했다는 이유로 서로 간에 보복이 잇달았습니다.

전쟁 초기에는 북한군이 점령 지역에서 토지 개혁 등 북한식 개혁을 하면서 지주나 공무원들을 대대적으로 숙청했습니다. 반대로 국군과 유엔군이 수복하고 나서는 북한군에 협력한 사람들에 대한 보복이 잇달아 벌어졌습니다. 군대에 의한 민간인 학살도 많았습니다.

대표적인 사건이 보도연맹 사건입니다. 보도연맹은 1949년 좌익 운동을 하다 전향한 사람들로 조직한 반공 단체로, 정식 명칭은 '국민보도연맹'입니다. 1948년 12월 시행된 국가보안법에 따라 '좌익 사상에 물든 사람들을 전향시켜 보호하고 인도한다'는 취지로 결성됐는데, '대한민국 정부 절대 지지, 북한 정권 절대 반대'를 주요 강령으로 삼

았습니다. 1949년 말에는 가입자 수가 30만 명에 달했고, 서울에서만 2만 명에 이르렀습니다. 사상적 낙인이 찍힌 사람들을 대상으로 했지만, 거의 강제적이었으며 지역별 할당제가 있어 사상범이 아닌 경우에도 등록되는 경우가 많았습니다.

6 · 25 전쟁이 일어나자 정부와 경찰은 남쪽으로 후퇴하면서 이들을 무차별 단속하여 즉결 처분함으로써 6 · 25 전쟁 중 최초의 집단 민간인 학살 사건을 일으켰습니다. 전쟁 와중에 조직도 사라졌고, 어떻게 이런 일이 벌어졌는지에 대해서는 아직까지도 정확한 해명이 이루어지지 않고 있습니다. 그 외에도 경남 거창과 충북 영동 노근리 등 여러 곳에서 무고한 주민들이 죽음을 맞았습니다. 북한군도 후퇴하면서 대전 등지에서 많은 주민들을 학살했습니다.

6 · 25 전쟁은 남북 간에도 남남 간에도 적대감만 쌓아 놓고, 민족의 가슴에 상처만 남긴 채 끝났습니다.

이승만과 4 · 19 시민 혁명

이승만 정부는 부패 근절이나 친일파 청산에는 소극적 태도로 일관하면서 권력 강화에만 몰두했습니다. 6 · 25 전쟁 이후에는 장기 집권을 시도했습니다.

전쟁 직전에 실시된 2대 국회의원 선거에서 정부에 비판적인 무소속 출마자들이 대거 당선되자 이승만은 국회의 간접 선거에 의한 대통령 유지가 힘들 것을 우려하여 대통령 직선제 개헌을 단행했습니다. 전쟁 중이던 1952년 임시 수도였던 부산에서 자신을 받드는 자유당을 만들고, 경찰, 군대, 폭력단을 동원하여 위협적인 분위기에서 헌법을 개정하여 대통령 직선제로 바꾼 것입니다.

1954년에는 대통령 중임 제한을 초대 대통령에 한해서 철폐하도록 개정하여 장기집권을 꾀했습니다. 이승만 정부는 이때 전 세계적으로 조롱거리가 되는 행위를 저질렀습니다. 당시 국회의원의 재적은 203명으로 중임 제한 철폐 개헌안이 통과되기 위해서는 재적 의원의 3분의 2인 135.3333…… 즉, 136명이 되어야 했는데 소수점 이하의 숫자는 1인이 되지 못하므로 사사오입을 하면 135명이 된다는 기상천외한 논리로 개헌안을 통과시켰던 것입니다(사사오입 개헌).

이에 보수파 정치인들도 이승만에게 등을 돌려 민주당을 만들고 이승만의 자유당에 대항했습니다. 민주당은 1956년 정 · 부통령 선거에서 대통령 후보 신익희와 부통령 후보 장면을 내세워 대항했으나, 신익희의 갑작스런 죽음으로 부통령만 자유당의 이기붕을 꺾고 장면이 당선됐습니다. 한편 당시 진보 진영을 대표하던 조봉암이 예상을 깨고 유효 득표의 30%를 차지하자 위기를 느낀 이승만 정부는 조봉암을 간첩으로 몰아 사형시켰습니다.

1960년 3월 15일 제4대 대통령과 제5대 부통령을 뽑는 선거가 실시됐습니다. 이번에도 문제는 부통령 선거였습니다. 이기붕을 부통령으로 만들기 위해 자유당은 온갖 부정 선거 방법을 동원했습니다.

선거 당일 오후 마산에서 부정 선거를 규탄하는 학생과 시민들의 시위가 벌어지자 경찰은 이를 무력으로 진압했습니다. 그로부터 약 한 달 후 실종됐던 고등학생 김주열의 시신이 최루탄이 얼굴에 박힌 채

마산 앞바다에 떠올랐습니다. 분노한 학생들과 시민들은 부정 선거를 규탄하는 격렬한 시위를 벌이게 됐습니다.

정부는 마산 시위 배후에 공산 분자의 책동이 있다고 발표했으나, 시위는 전국으로 확대되어, 4월 19일 절정에 달했습니다. 이승만 정부는 비상계엄을 선포하고 무력으로 시위를 진압하려고 했지만, 국민의 저항은 더욱 거세졌고 계엄군조차도 시위대에 동조하는 상황이 됐습니다.

당황한 이승만은 정권을 유지하기 위해 부정 선거의 무효와 자유당과의 관계 단절을 수습책으로 내놓았지만, 민심은 이승만의 퇴임을 요구하고 있었습니다. 자신을 지원하던 미국까지 등을 돌리자 이승만은 결국 대통령직을 내놓고 하와이로 망명했습니다. 이기붕은 가족과 함께 자살했습니다. 이로써 우리나라 최초의 시민 혁명이 승리를 거두게 됐습니다.

이승만 정부가 물러난 후 내각 책임제와 양원제 국회를 내용으로 하는 개헌이 이루어졌고, 이에 따라 시행된 선거에서 민주당이 크게 승리하여 장면 정부가 출범했습니다.

4 · 19 혁명 이후 사회 각계각층에서는 민주화의 움직임이 거세게 일어났습니다. 학원 민주화뿐만 아니라 노동 · 청년 운동 등 사회 전 영역에서 활발하게 민주화 운동이 전개됐으며, 통일 논의도 자유롭게 개진됐습니다.

또한 이승만 정부에서 부정으로 재산을 모은 사람들에 대한 처벌 요구도 많았습니다. 그러나 보수적 인사들로 구성된 장면 정부와 민주당은 당내 파벌 싸움에 열중한 채 이러한 사회적 요구에 소극적인 태도로 일관했습니다. 부정 선거 책임자나 부정 축재자 처벌에도 소극적이었으며, 각종 제한적인 법을 만들어 민주화 요구를 억눌렀습니다. 장면 정부의 소극적 태도로 인하여 민주주의를 꽃피우지도 못한 채 5 · 16 군사 정변이 발발했습니다. 이로써 4 · 19 혁명은 '미완성의 혁명'으로 남게 됐습니다.

박정희와 5 · 16 군사 정변

1961년 5월 16일 박정희를 중심으로 하는 일부 군인들이 사회 혼란을 핑계로 군사 정변을 일으켰습니다. 이들은 전국에 비상계엄을 선포하고 국가 재건 최고 회의를 구성하여 군정을 실시했습니다.

군사 정권은 반공을 국시로 내세우고, 경제 개발과 사회 안정을 추진했습니다. 이들은 부정 축재자 처벌, 정치 깡패 일소, 농어촌 부채 탕감, 농산물 가격 안정 등의 정책을 내세워 국민의 지지를 이끌어 냄으로써 군사 정변을 합리화하려고 했습니다. 그러나 근본적인 대책이 아닌 임시방편이었으므로 대부분 흐지부지 끝나거나 성과를 거두지 못했습니다. 반면 사회 전반에 대한 통제는 대폭 강화됐습니다.

군사 정권은 반대 세력을 철저하게 탄압하여 국회와 정당, 사회단체들을 해산하고, 정치인들의 활동을 금지시켰습니다. 민정 이양 후 군대로 복귀하겠다는 자신들의 약속을 깨고 비밀리에 민주공화당을 만들고 지지 세력을 끌어모아 군정 연장을 시도했습니다.

박정희는 강력한 대통령 중심제와 단원제 국회를 골자로 하는 개헌을 실시하고, 대통령에 당선되어 제3공화국을 시작했습니다. 이때 쿠데타의 주역들도 대부분 군복을 벗고 정치인으로 전환하여 나라의 중요 직책을 차지했습니다.

박정희 정부는 군사 정변과 집권 연장에 대한 정당성을 확보하기 위해 경제 개발과 반공을 국가 운영의 중심 정책으로 내세웠습니다. 경제 개발 계획을 통해 경제를 활성화하기 위해 모자라는 자금을 굴욕적인 한·일 국교 정상화를 통해 보충했고, 미국의 권유에 따라 베트남 전쟁에 참여하면서 경제적 지원을 받아 획기적인 경제 성장을 이루게 됐습니다.

한·일 국교 정상화는 일본의 식민지 지배에 대한 사죄와 독도 문제에 대해서 침묵한 채 차관을 통한 경제 개발 자금 확보에만 치중했기 때문에 국민의 반대를 불러 일으켰습니다. 베트남 전쟁 참여 대가로 경제 개발에 필요한 기술과 차관을 미국에서 들여오면서 많은 외화를 벌어들이기는 했지만, 베트남인들에게 끼친 피해와 파병된 국군의 희생 또한 적지 않았습니다.

1970년 11월 13일, 평화시장 노동자 전태일이 분신자살함으로써 경제 성장의 견인차 역할을 한 노동자들의 열악한 현실이 드러났습니다. 전태일은 1948년 대구에서 가난한 노동자의 맏아들로 태어나 6살 때 서울로 올라왔습니다. 정규교육을 받지 못하고 행상을 하며 생계를 이어 가던 전태일은 17세 되던 해 아버지에게 배운 재봉 기술로 청계천 평화시장에 취직했습니다.

하루 14시간 노동으로 50원의 일당을 받으며 일하던 전태일은 함께 일하던 여성 노동자가 산업재해로 폐병에 걸려 강제 해고되는 것을 보고 충격을 받았습니다. 전태일 자신도 여공을 도왔다는 이유로 같이 해고됐습니다. 스무 살이 되던 1968년 전태일은 우연히 노동자를 보호하는 법인 '근로기준법'이 있다는 것을 알게 되어 책을 구입해서 독학으로 공부합니다. 그는 노동자의 최소한의 권리인 근로기준법조차 지켜지지 않는 노동 현실을 개선하기 위해 1968년 평화시장 최초로 '바보회'라는 노동 운동 조직을 창립했습니다.

'바보회'는 평화시장 노동자들에게 근로기준법의 내용을 알리는 일부터 시작했습니다. 1970년에는 '바보회'를 발전시켜 '삼동친목회'를 조직하고 노동 실태 조사 설문지를 돌려 126장의 설문지와 90명의 서명을 받아 노동청에 진정서를 제출했습니다. 그러나 사업주들과 정부는 이를 묵살했습니다.

11월 13일 전태일은 '삼동친목회' 회원들과 함께 근로기준법 화형식을 하기로 했으나 경찰과 사업주들은 플래카드를 빼앗고 집회를 막았습니다. 이때 전태일이 갑자기 온몸에 휘발유를 끼얹고 불을 붙인 채 "근로기준법을 지켜라", "우리는 기계가 아니다"라는 구호를 외치며 달리다 쓰러졌습니다. 전태일은 "내 죽음을 헛되이 하지 말라"는 말을 남기고 죽었습니다.

전태일의 죽음을 계기로 종교계와 사회단체, 학계는 노동문제 해결에 본격적으로 나섰습니다. 많은 대학생들이 공장에 들어가 노동조합 건설을 위해 노력했습니다. 지금의 민주적 노동조합들은 이렇게 해서 만들어진 것입니다.

외형적 경제 성장의 성과를 배경으로 박정희는 시민과 야당들의 반대에도 불구하고 3선 개헌을 하여 장기 집권을 획책했습니다(1969년). 박정희는 3선에 성공했지만 야당이었던 김대중 후보에게 간신히 이기면서 위기를 느꼈습니다.

이에 박정희 정부는 국가 안보와 지속적인 경제 성장을 위해서는 정치적 안정이 필요하다는 주장을 내세워 강압적인 통치에 나섰습니다. 1971년 12월 국가 비상사태를 선언해 대통령에게 초법적인 비상대권을 부여하고, 1972년 10월 이른바 '10월 유신'을 선포하여 모든 권력이 대통령에게 집중되는 유신 헌법을 공포했습니다.

박정희는 유신 헌법에 의해 중임 제한 없이 영구적으로 대통령을 할 수 있게 됐습니다. 국회의원의 3분의 1을 추천하여 국회를 장악했고, 각종 법률의 효력을 정지시킬 수 있는 긴급 조치권이라는 초법적인 권한까지 가졌습니다. 한마디로 헌법 위에 존재하는 전제 군주와 같은 대통령이었습니다.

박정희는 우리나라에 서구식 민주주의는 맞지 않아서 '한국적 민주주의'인 유신 헌법이 필요하다고 강변했지만, 유신 체제는 민주 헌정의 기본 질서를 철저하게 파괴한 비민주적, 권위주의적 통치 체제였습니다. 국민의 기본권과 자유를 근본적으로 제약하는 독재 체제였습니다.

국민은 유신 독재 체제에 대항하여 분연히 일어섰습니다. 대학생, 재야인사, 언론인, 종교 지도자들을 중심으로 유신 철폐를 위한 시위가 전개됐습니다. 박정희 정부는 긴급 조치를 선포하여 유신 체제 반대 운동을 무자비하게 탄압했고 유신 철폐를 주장하는 민주화 인사들

에게 사형을 선고하기도 했습니다.

독재와 인권 탄압으로 국제 여론이 악화되자 미국과 일본도 박정희 정부와 거리를 두기 시작했습니다. 제2차 오일 쇼크(석유 파동)로 경제마저 어려워지자 박정희 정부에 대한 국민들의 불만은 더욱 커졌습니다.

전두환과 5 · 18 민주화 운동

박정희 정부는 더욱 강경하게 민주화 운동과 야당 정치 세력에 대한 탄압의 강도를 높여서 위기를 모면하고자 했습니다. 1979년 10월 부산과 마산, 창원 등지에서 유신 체제에 반대하는 학생과 시민들의 대규모 시위가 발생했습니다(부마 민주항쟁). 박정희 정부는 이를 진압하기 위해 부산에는 계엄령을, 마산에는 위수령을 발동했습니다.

체제 위기의 해결 방법을 둘러싸고 박정희의 측근 세력은 강경파와 온건파로 나눠져서 대립했는데 온건론을 주장한 중앙정보부장 김재규가 강경론자였던 차지철과 박정희를 살해하면서 유신 정권은 막을 내렸습니다(1979년 10 · 26 사태).

박정희의 죽음으로 민주화의 길을 개척해 나갈 기회를 얻었지만, 대통령직을 계승한 최규하는 신군부 세력인 전두환과 노태우의 위협에 못 이겨 정권을 내주고 말았습니다. 유신체제의 붕괴로 분출됐던 민주화 열기를 제압하기 위해 신군부 세력은 12 · 12 사태를 일으켜 정승화 참모총장을 체포하고 군권을 장악했습니다(1979년 12월 12일).

학생과 시민들은 유신 헌법의 철폐, 전두환의 퇴진, 계엄 철폐, 민주적 절차에 의한 민간 정부 수립 등을 요구하면서 민주화 투쟁을 전개했습니다(1980년 '서울의 봄'). 5월 14일과 15일 전국 각지에서 수만 명의 학생들이 서울역과 시청 앞에 모여 민주화 시위를 전개했습니다. 신군부 세력은 1980년 5월 17일 비상계엄을 전국으로 확대하고 학생 운동 지도자들과 김대중을 비롯한 주요 정치 지도자들을 체포했습니다. '서울의 봄'은 계엄군을 앞세운 군부의 총칼 앞에 허무하게 무너져 내렸습니다.

민주화를 갈망하는 국민의 열망은 5월 18일 광주에서 학생들의 대규모 시위로 이어졌습니다. 신군부 세력이 계엄군을 투입하여 무자비한 진압을 자행하자, 분노한 학생들과 시민들이 무기를 빼앗아 무장하고 계엄군에 맞섰습니다. 이 과정에서 계엄군이 시위대에게 총을 발포해 많은 사상자가 발생했습니다.

시민군은 계엄군에 맞서 협상을 벌이는 한편 시위를 다른 지역으로 확산시키고자 노력했습니다. 하지만 병력이 증강된 계엄군은 무력으로 시민군을 진압하여 5 · 18 민주화 운동은 열흘 만에 끝나고 말았습니다. 5 · 18 민주화 운동은 4 · 19 혁명의 맥을 이으면서도 전 시민이 하나가 되어 끝까지 독재에 저항했다는 점에서 한층 높아진 시민 의식을 보여주었습니다.

5 · 18 민주화 운동을 무력으로 진압한 신군부는 전두환을 위원장으로 하는 국가 보위 비상 대책 위원회(국보위)를 만들어 통치권을 장악했습니다. 그들은 5 · 16 군사 정변 때와 마찬가지로 '사회 정화' 라는 명목으로 반대 세력을 비롯한 민주 인사들을 강제로 직장에서 해직하고, 수만 명에 이르는 무고한 시민들을 삼청교육대로 끌고 갔습니다.

최규하 대통령을 내쫓고 대통령에 취임한 전두환과 신군부 세력은 간접 선거에 의한 7년 단임의 대통령제로 개헌하고 민주정의당을 창당했습니다. 개정된 헌법으로 전두환이 대통령에 취임하면서 제5공화국이 시작됐습니다(1981년).

전두환 정부는 '정의 사회 구현' 과 '복지 사회 건설' 이라는 미명 아래 사회를 통제하는 각종 악법들을 제정하여 반대 세력의 활동을 막고, 민주화 운동과 노동 운동을 무자비하게 탄압했습니다.

그들은 1983년부터 학원 자율화 등 회유 정책으로 전환했으나, 잇달아 터지는 각종 부정과 비리 사건으로 국민의 불신은 증폭됐습니다. 이에 대학생과 청년층을 중심으로 민주화 운동이 다시 전개됐습니다. 이들은 5 · 18 민주화 운동의 진상 규명과 책임자 처벌, 미국의 사과를 요구했습니다.

6월 민주 항쟁과 민주주의

1985년에는 정치 활동 금지에서 풀려난 옛 야당 정치인들과 재야 민주화 세력을 중심으로 대통령 직선제 개헌 운동이 전개됐습니다. '부천 경찰서 성 고문 사건'과 '박종철 고문치사 사건' 등 파렴치한 사건들이 벌어지면서 전두환 정부에 대한 국민의 저항은 더욱 강력하게 전개됐습니다.

개헌 요구를 받아들일 듯한 자세를 취하던 전두환 정부는 1987년 4월 개헌에 대한 정치권의 합의가 이루어지지 않았다는 핑계로 기존의 대통령 간선제 헌법을 그대로 유지하겠다고 발표했습니다(4 · 13 호헌 조치). 이에 4 · 13 호헌 철폐 시위가 시작됐습니다. 5월 18일에는 천주교 정의 구현 사제단이 박종철 고문치사 사건이 은폐됐다고 발표했습니다. 재야 시민 단체와 종교 단체, 그리고 야당인 통일민주당은 '민주 헌법 쟁취 국민운동본부'를 결성하고 본격적으로 대통령 직선제 쟁취 운동에 나섰습니다.

국민운동본부가 개최한 6월 10일 대회가 6월 민주 항쟁의 본격적인 출발을 알렸습니다. 그 후 20여 일간 전국적으로 500만여 명이 시위에 참가했습니다. 전두환 정권은 결국 6 · 29 선언을 발표하고 국민 앞에 무릎을 꿇었습니다. 지금 우리는 이때 쟁취한 민주 헌법 체제에서 살고 있습니다.

6월 민주 항쟁은 군사 독재 정권 아래에서 신음하던 다른 많은 국가에게도 큰 영향을 주었습니다. 남미 여러 나라와 필리핀 등이 뒤이어 시민 항쟁을 통해 민주주의를 되찾았습니다. 6월 민주 항쟁은 4 · 19 혁명의 전통을 계승한 우리 국민의 위대한 승리였습니다.

개정된 헌법에 따라 1987년 12월 대통령 직선제 선거가 치러졌습니다. 선거는 야당의 분열로 민정당의 노태우가 대통령에 당선됐습니다. 그러나 국회의원 선거에서는 야당들이 절반 이상의 의석을 획득함으로써 '여소야대' 상황이 벌어졌습니다. 이에 여당인 민정당은 김영삼, 김종필의 야당 세력을 끌어들여 민주자유당을 창당했습니다(3당 합당). 3당 합당은 국민의 뜻을 저버린 정치적 야합이라는 비판을 받았습니다. 1992년 김영삼 대통령이 당선됨으로써 5 · 16 군사 정변 이후 처음으로 '문민정부'가 탄생했습니다.

김영삼 정부는 군부 독재의 그늘을 걷어내기 위해 하나회 척결, 역사 바로 세우기, 금융 실명제, 지방 자치제의 전면적 실시 등의 개혁 정책을 실시했습니다. 그러나 30여 년간 누적된 사회적 모순과 부정부패 구조로 인해 김영삼 정부 말기에는 외환 위기가 발생하여 국제통화기금(IMF)의 구제 금융에 의존하는 상황이 벌어졌습니다.

김영삼 정부의 뒤를 이어 김대중 정부가 들어서면서 우리나라 최초로 야당 후보가 대통령에 당선되는 수평적 정권 교체가 이루어졌습니다. 김대중 정부는 국민의 노력 등에 힘입어 세계에서 가장 빨리 외환 위기를 극복했으며 분단 후 처음으로 남북 정상 회담을 개최해 김대중 대통령이 노벨 평화상을 받기도 했습니다.

김대중 정부를 뒤이어 출범한 노무현 정부는 지역 균형 발전을 위해

혁신도시를 강력히 추진했으며 국정원, 검찰 등 권력기관의 정치적 중립을 위해 노력했습니다.

노무현 정부에 뒤이어 2008년 이명박 정부가 출범했습니다.

우리나라 현대 정치사는 독재 정권과 민주화 운동이 부딪힌 격랑의 연속이었습니다. 40여 년 동안 우리나라는 산업화와 민주화를 이루어 냈습니다. 민주화 과정은 결코 쉽지 않았으며, 험난한 역정이었지만 다른 나라에 비해 상대적으로 짧은 기간에 급속하게 이루어진 특징을 가지고 있습니다.

남북한의 경쟁과 대립

6 · 25 전쟁으로 분단이 고착되면서 북한에서는 김일성의 권력 공고화가 이루어졌습니다. 김일성은 먼저 정적인 소련파, 연안파(조선 독립 동맹 계열의 공산주의자), 남로당 등을 제거했습니다. 그러나 김일성 1인 독재

체제가 강화되자 연안파와 소련파는 손을 잡고 반격을 가했습니다.

소련에서 스탈린 격하 운동이 벌어지면서 1인 독재 체제에 대한 비판이 일어나자 반김일성 세력은 1956년 8월 노동당 중앙 위원회 전원 회의에서 김일성 개인숭배를 비판했습니다(8월 종파 사건). 이 사건을 계기로 김일성은 정치적 반대 세력을 완전히 숙청했습니다. 1958년부터는 일반 주민들의 성향까지 파악하여 김일성 중심의 통치 체제를 확립했습니다.

북한은 처음에는 정치, 경제, 사회, 군사 모든 부문에서 소련의 지원을 받았으며, 사상적으로도 소련의 노선을 그대로 따랐습니다. 그러나 중국과 소련이 노선 논쟁을 벌이자, 김일성은 사상의 주체와 경제 자립을 주창했습니다. 1960년대 북한은 김일성 중심 체제를 뒷받침하기 위해 주체사상을 유일사상으로 체계화하는 작업을 본격화했습니다. 1967년에는 주체사상을 정부의 공식 노선으로 채택했으며, 1970년에는 '온 사회의 주체사상화'를 조선노동당의 최종 목표로 제시했습니다.

주체사상은 김일성 유일 지도 체계를 사상적으로 뒷받침하는 도구로써 김일성 개인숭배를 합리화하고, 반대파를 숙청하는 구실로 이용됐습니다. 주체사상은 김일성을 유일한 영도자로 만들기 위한 사상 체계로서 마르크스-레닌주의와는 뚜렷한 차별점을 가지고 있었습니다. 김일성은 자신이 죽은 후에 제기될 수 있는 비판을 모면하기 위해 부자 권력 세습 구조를 만들어 갔습니다. 주체사상을 유일사상으로 만들고 이를 가장 올바르게 해석하고 실천할 수 있는 사람이 권력의 후계자가 되어야 한다고 주장하면서 아들인 김정일에게 모든 권력이 승계

되는 정권 형태를 확립했습니다.

1970년대 중반 김정일은 3대 혁명 소조 운동, 70일 전투와 같은 속도전, 3대 혁명 붉은 기 쟁취 운동, 숨은 영웅 따라 배우기 등 노동당과 정부의 여러 사업을 주도함으로써 실질적인 권력을 행사했습니다. 1980년 조선노동당 대회에서는 김정일 후계 체제를 공식화했고, 1994년 김일성 사망 이후에는 자연스럽게 권력을 차지함으로써 현대 국가에서는 생각할 수도 없는 부자 권력 승계가 이루어졌습니다.

김정일은 김일성 사망 후 3년 동안 공식적인 직책 없이 생전의 김일성 교시에 따라 정치를 하는 이른바 '유훈 통치'를 시행했고, 1997년 10월 조선노동당 총비서에 추대되어 권력 승계를 공식화했습니다. 이어 1998년 헌법을 개정하여 주석직을 폐지하고 권력이 더욱 강화된 국방위원장이라는 자격으로 북한을 통치하고 있습니다.

우리나라와 북한의 정치적 변화에 따라 통일 정책도 크게 변화해 왔습니다. 1972년까지 남북한의 통일 정책은 경쟁과 대립을 우선하는 것이었습니다. 북한은 무력에 의한 적화통일을 지향하고 있었고, 남한 역시 북한과의 대결을 전제로 통일 정책을 운용했습니다. 이승만 정부는 북진 통일론을, 장면 정부와 박정희 정부는 선 건설 후 통일론을 주장했습니다.

1960년대 후반은 남북 간에 위기가 가장 고조됐던 시기였습니다. 북한은 1968년 1월 21일 무장간첩을 남파하여 청와대 습격을 시도했고, 다음 날인 22일에는 북한 영해를 침범했다는 이유로 미국의 정보함인 푸에블로 호를 납치했습니다. 같은 해 11월에는 울진, 삼척 등지에 무장 공비를 침투시켜 군사적 위기 상황이 고조됐습니다.

남북한의 이러한 극단적인 대치는 국제적인 상황 변화로 인해 바뀌기 시작했습니다. 1969년 취임한 미국의 닉슨 대통령은 데탕트(긴장 완화)를 추구했습니다. 닉슨은 공산주의 국가인 중국을 방문했고, 베트남 전쟁에서 손을 빼기 시작했습니다. 이에 따라 일본과 중국 사이에도 외교 관계가 수립됐습니다.

7·4 남북 공동 성명과 그 이후

국제 정세의 변화 속에서 박정희 정부도 북한과 비밀 협상을 추진했습니다. 1970년에는 남북 교류를 처음 제안했고, 1971년에는 남북 이산가족을 찾기 위한 남북 적십자 대표 예비회담이 열렸습니다. 박정희 정부는 비밀리에 중앙정보부장 이후락을 평양으로 보내 김일성과 비밀 회담을 하여, 1972년 7월 4일 7개 항으로 이루어진 남북 공동 성명을 발표했습니다.

자주적, 평화적, 민족적 대단결을 바탕으로 한 남북한 간의 신뢰 회복을 내건 7·4 남북 공동 성명은 그동안 얼어붙어 있던 남북 관계를 한순간에 녹이는 결과를 가져 왔습니다. 남한과 북한뿐만 아니라 해외에서도 공동 성명에 대한 지지와 환호를 보내왔습니다.

그러나 박정희와 김일성은 통일을 위해 공동 성명을 발표한 것이 아니었습니다. 양쪽 모두 불안해진 국내의 상황을 타개하기 위한 정치적 목적이 더 강했기 때문에 후속 조치가 이루어지지 못하고 흐지부지됐습니다. 오히려 공동 성명 발표 이후 남한에서는 유신 체제가 성립되

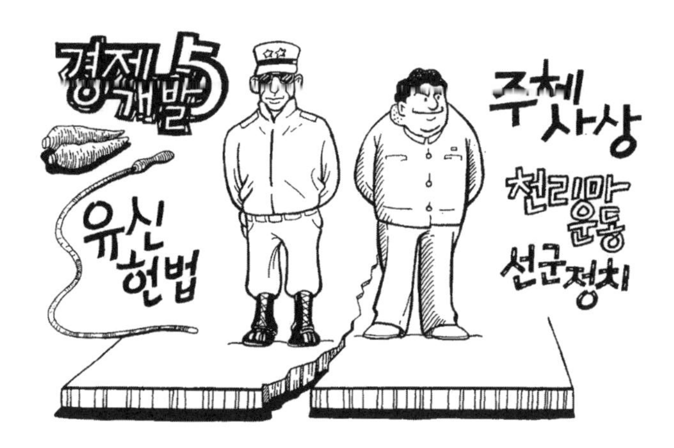

고, 북한에서는 헌법이 개정되어 주석이 된 김일성의 독재 체제가 더 확고해지는 상황이 전개됐습니다.

남북 간에는 더 이상 평화적인 교류가 이루어지지 못하고 1980년대까지 긴장 상황이 유지됐습니다. 북한은 1980년 10월 '고려 민주 연방 공화국 통일 방안'을 제시했고, 전두환 정부는 1982년 1월 '민족 화합 민주 통일 방안'을 제시했지만 통일 방법의 차이로 인하여 서로 간의 공통점을 찾을 수가 없었습니다.

특히 1983년 10월 전두환 대통령이 미얀마를 방문했을 때, 아웅산 묘소에서 폭탄이 터져 각료 등 17명이 죽으면서 남북한의 긴장 관계는 더욱 고조될 수밖에 없었습니다.

평화와 협력으로 가는 길

이러한 갈등과 대립 속에서도 통일을 바라는 국민의 열망은 높아 갔습니다. 1985년 9월 20일에 있었던 151명의 이산가족 상봉은 6 · 25

전쟁 이후 처음 있었던 감동적인 순간이었습니다. 노태우 정부가 들어서면서 남북한 사이에 해빙 분위기가 조성되기 시작했습니다. 1990년을 전후하여 소련과 동구 유럽의 사회주의 국가들이 몰락했고 북한의 입장에도 변화가 나타나기 시작했습니다.

노태우 정부는 적극적인 북방 외교를 실시했습니다. 중국, 소련과 수교를 했고, 동구 유럽 국가들과도 활발한 교류를 펼쳤습니다. 한편으로는 북한 측에 남북 교류를 제의하기도 했습니다.

북한 역시 변화를 보였습니다. 1990년 북한이 우리 정부의 남북 교류 제의를 수용하여 9월부터 남북 총리를 대표로 하는 남북 고위급 회담을 개최했습니다. 분단 이후 처음으로 남북한의 최고위급 인사들이 회담한 것입니다. 회담은 서울과 평양을 번갈아 방문하면서 개최됐고, 남북통일 축구 역시 번갈아 치러졌습니다.

이런 교류의 결과 1991년에는 남북한이 유엔에 동시 가입했고, '남북한 화해와 불가침 교류, 협력에 관한 합의서(남북 기본 합의서)' 와 한반도 비핵화에 대한 공동 선언에 합의하게 됐습니다. 남북 기본 합의서는 남북한 정부 당사자 간에 공식 합의된 최초의 문서로, 남북 화해와 상호 불가침의 기본 지침을 정하고 남북 교류와 협력 방안을 담고 있습니다.

남북한은 1994년 7월 김영삼, 김일성의 남북 정상 회담을 합의했습니다. 그러나 정상 회담은 김일성의 갑작스런 죽음으로 무산됐고 김일성 조문을 둘러싸고 남북 관계는 다시 냉각됐습니다.

김대중 정부는 대립과 견제 대신 교류와 협력을 우선하는 대북 정책

을 추진했습니다. 남북 사이의 적대감을 해소하고 공존의 길로 나아가 평화를 정착시키겠다는 대북 화해 협력 정책(햇볕 정책)을 추진한 것입니다. 남북한 사이의 교류도 점차 늘어나면서 금강산 관광 사업이 실시됐고, 2000년 6월 13에는 분단 이후 최초로 남한의 김대중 대통령과 북한의 김정일 국방위원장이 평양 순안비행장에서 만나는 역사적인 만남이 이루어졌습니다. 남북 정상은 6 · 15 공동 선언을 발표했습니다. 1차 남북 정상 회담이 있은 지 7년 만인 2007년 10월 2일, 노무현 대통령과 김정일 국방위원장은 제2차 남북 정상 회담을 했고 10 · 4 선언을 발표했습니다.

지금의 법은 누가 만들었고, 언제부터 사용했나요?

대한민국 헌법은 1948년 제헌국회에서 처음 만들었습니다. 7월 17일이 바로 헌법을 공포한 날로 '제헌절'이라고 합니다. 그 후 여러 번 개정했지만 제헌헌법의 기본 틀은 지금껏 유지되고 있습니다. 지금의 헌법은 1987년 6월 민주 항쟁 후 개헌한 것으로 대통령 5년 단임제, 국민 직접 투표에 의한 대통령 선출 등의 특징을 가지고 있습니다.

✚ 대한민국 정부의 첫 헌법을 '제헌헌법'이라고 합니다.

남북한이 갈라진 이유는 무엇인가요?

일본으로부터 해방됐을 때 우리나라는 제2차 세계 대전에서 주도적인 역할을 하지 못했기 때문에 국제적 발언권이 약했습니다. 이러한 상황에서 미국과 소련을 중심으로 냉전 체제가 구축됐습니다.

미국은 일본에 선전포고한 소련에게 동북아시아에서의 권리를 인정해 주어야 했습니다. 그러나 전쟁 도발국인 일본을 독일처럼 나누기는 싫었습니다. 일본을 나누면 소련이 태평양으로 진출하기 좋기 때문이었습니다. 그래서 소련에게 우리나라의 북쪽을 차지하도록 허용했던 것입니다. 소련 역시 우리나라를 차지하기 위해 재빠르게 남하했습니다. 이런 상황에서 우리가 슬기롭게 대처하지 못하고 대립함으로써 남북으로 갈라지고 말았습니다.

✚ 남북한 분단 원인은 대내적인 면, 대외적인 면이 다 있습니다.

6 · 25 전쟁 때 다른 나라가 왜 우리를 도와줬나요?

제2차 세계 대전이 끝나자 세계는 미국을 중심으로 하는 자본주의 국가 진영과 소련을 중심으로 하는 사회주의 국가 진영으로 나뉘게 됐습니다. 미국과 소련은 두 진영을 대표하면서 팽팽하게 맞섰습니다. 그러나 핵폭탄의 위력 때문에 직접 전쟁을 하지는 않았습니다. 서로 싸우지는 않으면서 으르렁대는 이때의 상황을 냉전(cold war)이라고 합니다.

이들은 국지적 전쟁을 통해 힘을 겨루었는데 북한이 우리나라를 쳐들어온 6 · 25 전쟁도 그중 하나였습니다. 미국은 북한의 침략으로 우리나라가 곤경에 빠지자 UN 안전보장이사회와 총회를 통해 자유 국가들에게 한국을 돕자고 호소했습니다. 이에 호응한 영국, 터키 등 16개국이 전투 부대를 보내 직접 참전했고, 스웨덴 등 5개국은 의료 지원을 했습니다. 반면 북한은 사회주의 국가인 중국이 도왔습니다.

✚ 6 · 25 전쟁은 처음에는 국내 전쟁으로 시작됐으나 곧바로 냉전체제하의 국제전으로 번졌습니다.

우리나라 대통령은 누가 했나요?

이승만(1, 2, 3대 대통령), 윤보선(4대 대통령, 내각제하의 대통령, 실질적인 정부 수반인 총리는 장면), 박정희(5, 6, 7, 8, 9대 대통령), 최규하(10대 대통령), 전두환(11, 12대 대통령), 노태우(13대 대통령), 김영삼(14대 대통령), 김대중(15대 대통령), 노무현(16대 대통령), 이명박(17대 대통령), 박근혜(18대 대통령), 문재인(19대 대통령)까지 총 19대 12명입니다.

✚ 대 수에 비하여 사람 수가 적은 것은 그만큼 독재와 장기 집권을 한 대통령이 많았다는 것을 의미합니다.